デンマークの緑と文化と人々を訪ねて

自転車の旅

福田成美

新評論

❶

❸

❷

扉写真：煉瓦と瓦屋根の家並み（グッズイェム）
❶ローマ住宅群（自然と共生するモダン建築）
❷コペンハーゲン旧市街で
❹冬の森

❺

❹

❻

❹子どもたちとの対話は大切なもの
❺畜産はデンマークの重要な産業である
❻ヒースの丘
❼農家の軒先にて（ボーンホルム島）

❼

❽

❿

❾

⓫

⓬

❽ウアスン海峡を望む（ルイジアナ美術館にて）
❾森の道しるべ
❿遠浅の海（スノウベックの浜で）
⓫森の春
⓬森を行く馬車
※但し書きのあるものを除いて、掲載写真はすべて著者の撮影です。

はじめに

デンマークに来てから「ふらりと自転車で」出かけることが多くなった。

日本では週末に河原や山道をミニ・バイクで走っていたけれども、何となく自然に接近はしていても触れられていない感じがして、これを不満に思っていたりもした。そして、自転車で走れば自然の中に入り込むことができるだろうと、何となく感じていた。

「コペンハーゲンでは自転車が一番便利だから」と、こちらに長く住んでいる日本人のユキさんが、使っていない日本製のミニサイクルを異国に着いたばかりの私に貸してくれた。このミニサイクルでコペンハーゲンの観光名所をあちらこちら訪ね、そして時折、海辺に沿って一

○キロメートルほど先まであてもなく走ったりした。
日本にいたときにも私は自転車に乗っていて、東京に住んでいたころは世田谷から渋谷まで自転車で出かけたことがある。常に渋滞している東京の道路事情では、乗用車はもちろん論外だが、電車やバスといった公共交通機関よりも自転車の方が早く目的地に到着できるのではと考えて試してみたのである。結果は考えた通りで、自転車での所要時間はわずか三〇分足らずで、電車を利用するよりもはるかに早かった。しかし、たくさんの人と車、そして商店の看板などの間を縫うようにして走る小さなこの旅は、交通事故に遭っても当然だと思えるほど非常に危険なものであった。

「デンマークは平らだから自転車で旅行するといいよ」と教えてくれたのは、日本で知り合ったフランス人だった。それが理由でデンマークに着いたら自転車に乗ることを楽しみにしていたこともあり、とにかく走り回った。

借りていた黄色のミニサイクルをユキさんに返し、中古の水色の自転車を買ってからしばらくたった一九九六年の夏、コペンハーゲンの至る所の道路面に「Riis（リース）」と白い大きな文字がさまざまな筆跡で書かれた。これは、フランスで行われた自転車競技「ツール・ド・フランス」でデンマーク人選手が活躍した直後のことだった。

ある日、私はいつもの通り中古の水色の自転車でコペンハーゲンを走っていたのだが、サイクリング・ウエアを着て自転車を傍らに立ち話している二人の男性の側を通り過ぎたとき、彼らの周囲にいた何人ものデンマーク人が「ビャーネ・リース、ビャーネ・リース」と口元を耳に近づけてささやき合っているのが聞こえてきた。立ち話をしている男性のうちの一人が、どうやら一九九六年の「ツール・ド・フランス」で優勝したデンマーク人選手のビャーネ・リースだったようだ。そして、路面に書かれた「リース」は、もちろん彼の名前である。

二〇〇〇年七月、世界最大の自転車レース「ツール・ド・フランス」の第八七回大会には、デンマークのチームとして初めてメモリー・カーズ＋ジャック・アンド・ジョーンズ・チームが参加した。これまで「ツール・ド・フランス」には多くのデンマーク人が参加し、一九九六年にはドイツ・テレコム・チームの選手として参加したビャーネ・リースが優勝している。しかし、デンマークのチームとしての参加は長年期待されていたがなかなか実現されず、今大会が初めてとなった。

ツール・ド・フランスに参加したメモリー・カーズ＋ジャック・アンド・ジョーンズ・チームのようなプロチームだけでなく、デンマーク国内にはたくさんのアマチュアのクラブチームがあり、国内外の大会に参加している。こうした各地域のサイクリングクラブは小学生から一般人までに広く開かれていて、選手育成の基盤ともなっている。もちろん、クラブに所属しないサイクリストたちも数多くいる。デンマーク国内の自転車競技会には、競技者クラスのほかに「モーショニスト」（運動する人）という、健康維持や体力増進のためにサイクリングをする人々のための競技種目も用意されている。こうしたクラスには、サイクリング・ウエアとヘルメット、サングラスといういでたちで三〇分、四〇分のサイクリング通勤をしている人々や、帰宅後や週末に海辺や森の中などに続いている自転車道をひとっ走りするような人々が参加している。

デンマークでは、自転車競技というスポーツのほかにもレジャーとしてのサイクリングが非常に普及している。青空の広がる暖かい週末には、若い、あるいは壮年のカップルや家族連れが特別なスポーツ車ではなく、普通の自転車でのんびりと季節の景色を楽しみながら走っている。夏休みには、テントや寝袋、着替えや食料を自転車に山積みにして、自転車旅行をしている家族をよく見かける。

そして、何といってもデンマークの自転車利用としてもっとも特徴的なのは、都市部における交通手段としての普及である。都市部には急坂がないためか、あるいは職住近接のせいか、通勤通学の交通手段として自転車を利用する人々が非常に多い。首都のコペンハーゲンをはじめ、各都市において自転車はもっとも気軽で便利な交通手段となっている。通勤・通学ラッシュ時に、自転車専用道路に溢れるように集まった自転車が矢のように走り抜けていく風景は、ヨーロッパの首都では唯一デンマークのコペンハーゲンだけのものである。スーツ姿のビジネスマンからジーンズにバックパックの学生まで、多くのサイクリストが怒涛のように走り抜けていく。そして、オフィスでの、暖かいコーヒーと通勤途中のパン屋で買ったデニッシュ・ペストリーの朝食で一日が始まる。

午後三時半から五時半ごろまでの帰宅ラッシュ時にも、自転車の大群が現れる。若い父親が仕事場からの帰り道に幼稚園や託児所に子どもを迎えに行って、自転車の後部に取り付けた専用のチャイルドシートに子どもを乗せて走っていく光景も珍しくない。

スポーツやレジャーだけでなく交通手段としてまで自転車が広く普及しているのは、先にも述べたように、デンマークには急坂が少なく国土が平らであるからと一般的には考えられている。上空から見たデンマークは、まるで北海の水面にへばりつくようにして浮かんでいるかのようだ。平らに広がる大地には、四角く区切られた農耕地と、緑の森林、そして煉瓦造りの建物が集まる街がある。氷河によって削り出されたなだらかな四万三〇九四平方キロメートルの国土の最高地点は海抜一七三メートルで、切り立つような山はなく、山脈もなく、確かに起伏のない地形となっている。しかし、自転車が普及している理由はこれだけではない。

デンマークには、ヨーロッパでは最初の「サイクリスト連合」（Dansk Cyklist Forbund）が一九〇五年に設立されている。これは、自転車利用の環境改善に対する市民や自治体の関心を高めることが目的であった。そして、サイクリスト連合の努力によって自転車利用が容易となり、利用者がますます増加したのである。そして今では、国内を縦断する自転車用道路は数百キロメートルにも及び、都市部の道路沿いには自転車専用道が設けられている。安全に自転車を利用できることが利用普及の大きな要因となっていることは、デンマーク人の誰もが強調する。

また、無公害で環境に優しい交通手段である自転車の利用をデンマーク政府は国民に呼びかけている。コペンハーゲン・コムーネ（日本では「市」に相当）では近年急増しているマイカー通勤に歯止めをかけようと、一九八九年以降、公営の駐車場一五〇〇台分を削減し、その上、駐車料金の値上げをしている。また、それと同時に中心街の要所では、空車スペースのある駐車場を電光掲示版によって案内するシステムを設置した。こうすれば、乗用車が駐車場を探して市街を走り回ることがなくなり、交通量を最小限に抑えることができる。このようにして街の中心部への乗用車の乗り入れを抑制し、これとは反対に公共交通機関と自転車を組み合わせた移動手段の利用を呼びかけている。

最近の一〇年間に、コペンハーゲン・コムーネ内の自転車道は三〇キロメートル延長された。コムーネの中を通る国道や地方道などの公道すべてに自転車道が敷設されるまで、あと一二キロメートルが残っているだけだという。そして、コペンハーゲンの街における通勤の足としての自転車利用は全体の三分の一にもなっているという。

しかし、これに対してデンマーク全土でのマイカー通勤は約五〇パーセントであるという。そして、全国的に見ても、コペンハーゲンだけにかぎってみても、一九九〇年代初めからデンマークの伝統ともいえる自転車通勤の量は減少傾向にあるという。これは、デンマーク政府が掲げる政策目標とは当然反対の方向を示している。ちなみに、政府の目指す目標値は、二〇〇五年までに自転車利用を現在より四〇パーセント増やすというものである。

残念ながら通勤時の自転車利用は減少しているが、逆にデンマーク人が自転車で移動する距離は増えており、最近の調査では年間に延べ五〇億キロメートルにも上るという。そして、自転車交通は個人の交通距離（キロメートル）の六パーセントに当たり、またこれによれば、人口約五三〇万人の国民の約一五パーセントが自転車交通を利用していることになる。とくに、短距離移動の場合には自転車が好まれているようだ。

気軽に自転車に乗れるのは、歩道と並んで敷設された自転車道がデンマーク全土に用意されているからである。この自転車道のおかげで、自動車や歩行者と接触する危険性が非常に少なくなっているので、安心して自転車で出かけられるのだ。

一九九三年にはデンマーク全土に一〇本の国定の自転車旅行ルートが開かれ、それぞれの表示が道路沿いに設置されている。このそれぞれのルートは、自転車専用道のほか各アムトの指定した自転車ルートや自転車道のある一般道を結んで、ユトランド半島、フュン島、コペンハーゲンのあるシェラン島など、全国の東西南北の端から端までがつながっている。各ルートは以下の通りである。

❶ユトランド半島の最北端からドイツとの国境になっている最南端まで西海岸沿いに走るルート（五五〇キロメートル）。
❷ユトランド半島北部を東西に走り、さらにフェリーでシェラン島の北部に渡りコペンハーゲンまで到達するルート（四二〇キロメートル）。
❸ユトランド半島の縦軸を最北端から最南端まで走るルート（四五〇キロメートル）。

❹ユトランド半島の横軸を西海岸から東海岸まで抜けて、さらにフェリーでシェラン島に渡り島の中心部をコペンハーゲンまで走るルート（三〇〇キロメートル）。

❺ユトランド半島の最北端から最南端まで東海岸沿いに走るルート（六二五キロメートル）。

❻ユトランド半島南部を東西に走り、フェリーでフュン島に渡り、フュン島を東西に抜けてさらにフェリーでシェラン島南部に渡りコペンハーゲンまでのルート（三二五キロメートル）。

❼シェラン島西部を最北端から最南端まで走り、三二〇〇メートルの橋を渡ってファルスター島へ、さらにファルスター島の最南端までのルート（二三〇キロメートル）。

❽ユトランド半島のドイツとの国境沿いに東西に走り、フェリーでフュン島に渡り、フュン

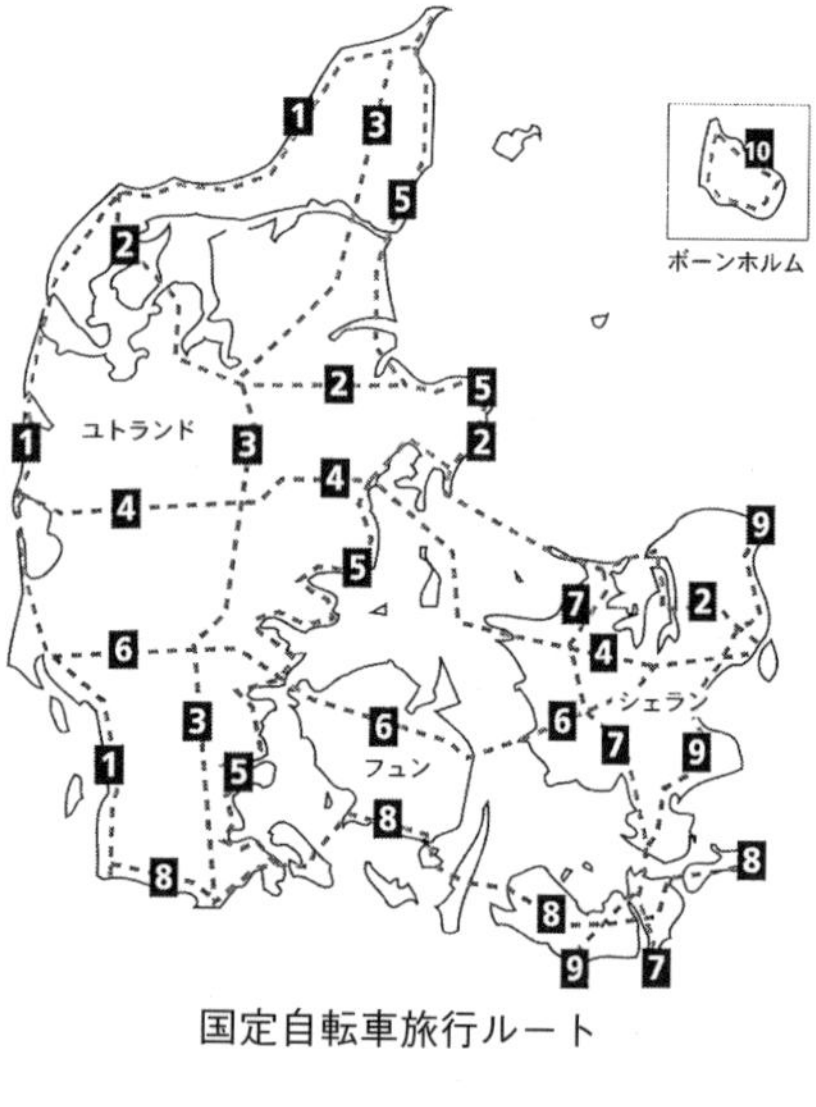

国定自転車旅行ルート

島南部海岸線沿いを走ったあと橋で渡ってランゲラン島へ、さらにランゲラン島の横軸を東西に抜けてフェリーでロラン島に渡り、橋でつながっているロラン、ファルスターの二つの島を走り抜けて、さらに橋を渡ってムン島へという南海沿いのルート（三二五キロメートル）。
❾シェラン島の東部を最北端から最南端まで、橋を越えてファルスター島を通り、さらにロラン島の最南端までのルート（二三〇キロメートル）。
❿ボーンホルム島一周ルート（一〇五キロメートル）。

サイクリスト連合が発行している「自転車旅行地図」上で、国定自転車旅行ルートを示す「赤」、アムト指定の自転車ルートの「青」の数字を辿っていくと、海岸や森、湖、フィヨルドなど自然のままの地域をそれぞれのルートが結んでいることが分かる。また、地図上には、自然の中でテントを張って寝ることのできるポイントも示されている。全国に七〇〇ヵ所あるというこのポイントでは、夜空の星を眺めながら眠りにつくことができるようになっている。もちろん、各地にあるユースホステルやキャンプ場などの施設もこの地図に示されている。この自転車旅行ルートを辿れば風光明媚な緑の地域で自転車を走らせることができて、夕暮れ時には寝場所を確保することができるということなのだ。

私は、コペンハーゲン近郊の海岸沿いを例の中古の水色の自転車でずいぶん走ったけれども、これがとうとう壊れて乗れなくなってしまったので、オフロードも少しは走れる新車を買うことにした。そして、その新しい自転車で、夏の太陽がまだまだ空高くある夕方やさわやかな風の吹く週末には、その昔は王室の狩りの場所であった森の舗装されていないでこぼこ道を走りに行った。また、狩りの館の前でデンマーク人のフーバートと待ち合わせて、若葉の森のなかを小川に沿って二人で走ったりした。

そのうちに、自転車で走っているときの新鮮な空気が身体の中を通りすぎていくような感覚が心地よくて、その感覚を味わうために海岸沿いや森、麦畑と、草原をつないだ「緑の道」をフーバートと一緒に探すようになった。そして、この緑の道をもっともっと長くしてデンマークを周ることができたらという夢を、ひそかに私たちは抱いていたのだ。

緑の道を探して

もくじ

第3章 ランゲラン島への旅

第6章　大陸へ続くユトランド半島

北海とバルト海に囲まれたデンマークの国土

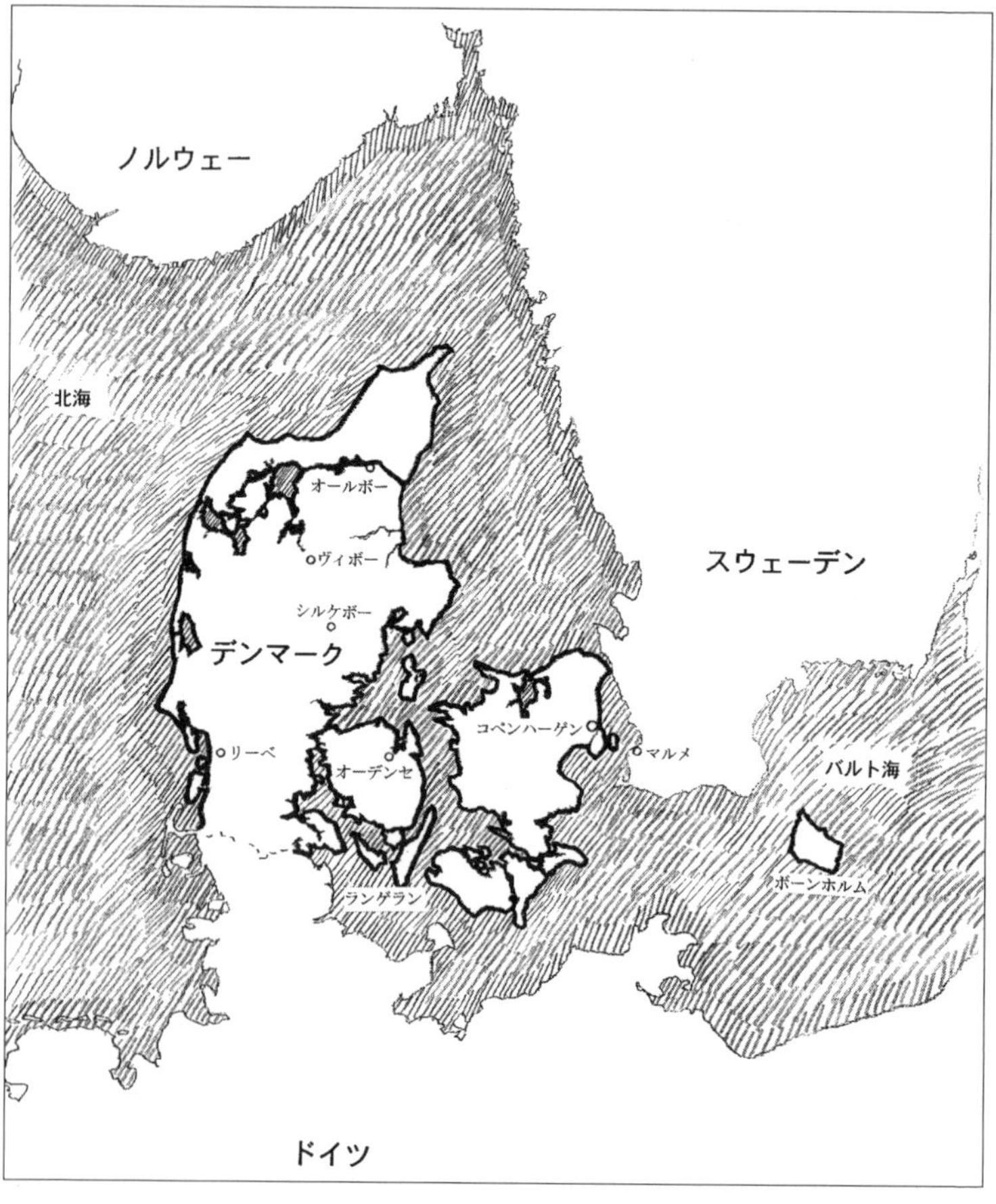

デンマークの緑と文化と人々を訪ねて

――自転車の旅――

第1章

コペンハーゲンから

ワンダフル・コペンハーゲン

デンマークの首都コペンハーゲンは、スカンジナビア半島の南西部とはウアスン海峡をはさんで西側にある、シェラン島の東海岸に位置している。デンマークの東端はスカンジナビア半島の南沖、バルト海に浮かぶボーンホルム島であるけれども、コペンハーゲンもかなりスウェーデンに近く東寄りにあって、デンマークの中心に位置しているとは言えない。

国家の中心機能を果たす首都が隣国と海峡をはさんで向かい、国土の中心にないことを不思議に思う人が多いのだが、これにはちゃんと理由がある。中世のデンマーク王国は、南スウェーデンのスコーネ、ハールランドとブレキンゲ（Skåne, Halland, Blekinge）地方を統治しており、コペンハーゲンは遷都された一四一七年当時はデンマーク国土のほぼ中心に位置していた。ところが、一六二五年から一六二九年にスウェーデンとの間で戦争となり、デンマークはこの戦争に敗れて、一六四五年に結ばれた両国間の協定で南スウェーデンのゴットランド（Gotland）島を失うとともにハールランドは三〇年間スウェーデン領となったのである。さらに、一六五七年にはスウェーデン軍がデンマークに侵攻し、一六五八年に結ばれた協定によって南スウェーデンはスウェーデン領となり、デンマークの首都は国土の中心から東寄りの隣国との境に位置することになったのである。

首都になる前の中世のコペンハーゲンは、デンマークの海岸沿いに数多くあった小さな漁村の一つで、「ハウン（Havn）」と呼ばれていた。

　小さな漁村ハウンが街として形づくられたのは一二世紀のことである。一一五七年にデンマーク全土を初めて統一する国王となったヴァルデマー大王（**Valdemar I**：一一三一～一一八二）は、兄弟の誓を交したアブサロン[1]を司教に任命し、ウアスン海峡で採れるニシンを水揚げする小さな港のある、魚市場がにぎわう街ハウンを与えた。そして、アブサロンは船泥棒を監

（1）（一一二八～一二〇一年）デンマークの大司教であり政治家。一一五八年には当時デンマークの中心都市であり、国王が居城を設けていたロスキレ（Roskilde）の司教となる。一一六七年にルンド（スウェーデン南部の都市）において大司教に任命される。

コペンハーゲン港付近の運河

視し、自らの権力を示すために、一一六七年に港の近くにある平らな土地に居城を築いたのである。司教アブサロンの城は美しく素晴しい建物であったといわれているが、後継者のなかったアブサロンが一二〇一年に没してからは城は廃虚となった。

そのころ、つまり一二〇〇年代のデンマーク王室は商業を重んじており、デンマーク最大の商業地でユトランド半島南西部の港街リーベを重要視していた。当時、ハウンはすでに「商人の港（Kφbmændenes Havn）」という意味を含む「キュベンハウン（Kφbenhavn）」（デンマーク語でコペンハーゲンのこと）と呼ばれていたが、実際は漁村であって王室の興味を引くような商業の街ではなかったのである。ところが、気候の変化によってリーベに船が寄港するには風向きが悪くなった上、新型の船が現れてほかのヨーロッパ諸国の船がユトランド半島の北端を回って南下してバルト海まで航行するようになると、たくさんの船がコペンハーゲンに寄港するようになり、商業の中心はリーベからコペンハーゲンに移動したのである。これを見たデンマーク王室は居城をコペンハーゲンに移し、廃虚となっていたアブサロン司教の城を取り壊し、その場所に新しい居城を築いたのである。そして、前述したように、当時は南スウェーデンまでを統治していたため、国土の中心に位置していたコペンハーゲンに遷都したのである。

大航海時代には、イギリスやスウェーデンの艦隊との戦いによる戦火や度重なる大火事で、遷都当時の王室の居城や街並みの大部分は焼かれて姿を今にとどめていないが、現在は国会議事堂となっているクリスチャンスボー城の地下には、当時の王室の居城やそれより以前のアブサロンの城の基礎が残っていて、見学することができる。

現在のコペンハーゲンは、八八・三平方キロメートルに人口約五〇万人が住む北欧最大の都市である。貿易が盛んな商業都市で、コペンハーゲン国際空港はスカンジナビア諸国の玄関として位置づけられている。二〇〇〇年七月には、ウアスン海峡の対岸にある南スウェーデンのスコーネ地方のマルメとの間に、八キロメートルの橋とトンネルで（全一六キロメートル）ウアスン橋が開通した。これによって、スウェーデンとデンマークは車両や鉄道によって結ばれ、スカンジナビア半島からデンマークの島々に架かっている橋を通ってドイツまでを陸路で移動することができるようになった。

海峡の両岸を結ぶ計画は、すでに一八七二年

クリスチャンスボー城（国会議事堂）

にトンネルによって結ぶ構想が発表されていたのだという。一九三〇年代には橋による計画が提案されているのだが、実現には及ばなかった。それがようやく一九九一年にデンマークとスウェーデンの両政府が両国を結ぶことに同意し、海峡に造る人工島を繋ぎ目にして鉄道と車両のためのトンネルと橋が建設されたのである。

コペンハーゲンとマルメの間は高速フェリーでなら所要時間四五分で、以前から多くの両国民が行き来していたが、ウアスン橋の開通によって両都市がより近く感じられるようになった。両都市はこの橋の工事と平行して、ヨーロッパの新しい交通の要所となったウアスン橋の両岸をバイオテクノロジー先端地域として開発する計画を進めてきており、すでに多くの関連企業がこの地域に研究開発部門を移転している。近代史以降、国土の東端に位置してきた首都コペンハーゲンだが、ウアスン橋開通によって東隣の旧い仲間ともう一度手をつなぐことになったのである。

ウアスン橋開通を祝って、二〇〇〇年六月九日には、でき上がったばかりの橋を一般の自転車でデンマークとスウェーデン両国を行き来できるという催しがあった。いかにも環境国家を目指す両国らしい催しで、たくさんの人々がこれに参加し、橋の向こうの街に住む友人や家族を訪ねたという参加者も少なくなかった。しかし、自転車での橋の通行はこのイベントにかぎったもので、開通後は自転車の通行は禁止されている。自転車は、自家用車かあるいは鉄道やバスなどの公共輸送機関に載せて海峡を越えることになっている。

海岸のこちら側は、広く平らな土地がコペンハーゲンから西に向かって広がっている。コペンハーゲンの中心部には東京にあるような超高層ビルはなく、中世に築かれた煉瓦造りの低層建築が軒を連ね、石畳の狭い通りには時折馬車が通るといった具合で、まるでおとぎ話の舞台となるような小さな街のようだ。これは、コペンハーゲン・コムーネが旧市街を「大きな博物館」のように見立てて、建築物の高さ制限や外装の色の限定などによって、古い建造物の修復と保存に努めているからでもある。中心部にある通りでは、道路の表面をアスファルトから伝統的な石畳へと代えた場所もある。デコボコのある石畳の上を自転車で走るのはあまり心地よいものとはいえない。また、そのデコボコや石と石の隙間でタイヤが滑って転倒するという危険もある。とくに、雨の日など路面が濡れているときはスピードを落として慎重に走らないと、すぐにタイヤを滑らせてしまう。自動車での走行も同じように振動が激しく、心地よいものではない。少しでも振動を小さくするためには、ドライバーは速度を落として運転するしかない。それがゆえに石畳の舗装は車両速度の抑制につながり、これを嫌うドライバーはアスファルト道路に迂回するしかないため、中心部の交通量の減少を図るのにも効果がある。

コペンハーゲンの街並みがおとぎ話の舞台のように見えるのは、古い建物や石畳の舗装があるからだけではなく、デンマーク人のもっている友好的な姿勢とおおらかな態度が多忙な現代社会から私の心を解き放して、のんびりと時間が流れていた産業革命前の世界を感じさせてくれるからかもしれない。

一九五一年にコペンハーゲン観光局が作成したポスターは、こうしたデンマークとデンマーク人を端的に表している。そのポスターには、たくさんの人々や車、バスを交通整理する警官が止めていて、その前を七羽のヒナを連れた母ガモが大通りを渡っている様子が描かれ、その下方に英語で「ワンダフル・コペンハーゲン」と記されている。このポスターに優しく描かれた愉快さが、コペンハーゲンの魅力のように思われる。このポスターは、一九八五年にイギリスで行われたポスターコンペティションになぜか誤って送付されたところ、金賞を受賞してしまったという逸話も残っている。これもまた、のんびりしたデンマークならではのことだ。

ワンダフル・コペンハーゲンのポスター

ゆったりとした生活を楽しむことはデンマーク人にとってもっとも大切なことで、その暮らしがファンタジーあふれる童話を数多く書いた作家のH・C・アンデルセン（一八〇五〜一八七五）を育くんだのである。デンマーク人の楽しみはとりわけ特別なことをするのではなく、まったく普通の食卓にろうそくを灯して、コーヒーや紅茶、ビールやワインを味わいながら静かに語り合うだけで充分に満たされる。ろうそくの灯りに象徴されるような温かく和やかな雰囲気を分かち合うことをデンマーク語では「ヒュグ（hygge）」あるいは「ヒュグリ（hyggelig）」といい、貴重な価値観として代々受け継がれてきた。

この和やかさを集めて大きくした場所がコペンハーゲンの中心にあって、大人も楽しめる遊園地として国民に親しまれている。その名は「チボリ」。

おとぎの園（TIVOLI）

昔ながらの、ピエロによるパントマイムや、旧型の木造のジェットコースターが今も人々の心をとらえ続けているチボリの正面玄関に立つ大きな門を潜ると、園内の奥の方から歓声が響いてくる。噴水の流れの音を近くに聞きながら歩いていくと、色とりどりの花々が満開に咲いていて、ここが穏やかでしっとりとした雰囲気のある庭園であることに気付く。園内に植えられている樹木が賑やかな表通りの騒音と近代的な建物を覆っていて、さながら旧市街の西の堀の一画にチボリが造られたころの趣がそのまま感じられるようだ。チボリは、一九九八年に開園一五五周年を迎え、その年の八月一五日の夜には盛大な花火の打ち上げが催されてたくさんの人々がその誕生日を祝った。

チボリが開園する前の一八四〇年、当時のデンマーク国王クリスチャン八世（一七八六～一八四八）のもとにG・カーステンセン（一八一二～一八五七）という一風変わった男が本格的な遊園地のアイデアを持ち込んだ。そのころはヨーロッパ中が政治改革や革命に揺れている時代で、カーステンセンは「楽しんでいるときに、人は政治について議論しないものです」と提案の際に幾度となく語り、革命を恐れていた国王はこの計画に興味を抱き、遊園地建設を許可したのである。そして、コペンハーゲン旧市街を囲む水辺の緑に溢れた堀の一部に、花火と祭典の「チボリ」が三年後に開園した。

一八四三年八月一五日の開園初日には三六一五人、初めの七日間で延べ一七万五〇〇〇人の入場者数を記録している。当時のコペンハーゲンの街の人口は約一二万人であったから、その盛況ぶりは大変なものであったに違いない。開園以来一五〇年間に三億を超える来場者が世界中から訪れ、ジェットコースターでの歓声や、コンサートや芝居への拍手喝采、滑稽なパントマイムに対する爆笑の渦が繰り返されてきた。デンマーク人がチボリを愛し続けているのは、ここが子どもや若者だけを対象とした遊園地ではなく、水と緑の美しい庭園があり、おいしい食事のできるレストランが並び、一流のアーチストが演じるコンサートホールや芝居小屋もある、大人も楽しむことができる「園《その》」だからである。開園当初からあるレストランの「ディヴァンⅠ」と「ディヴァンⅡ」をはじめ、園内の各レストランでは本格的なフルコース・メニューが楽しめる。昼時には、会議をかねてビジネスランチとしてチボリのレストランを利用するビジネスマンも多いようだ。

チボリは、開園当初から「音楽の園」として知られていた。それには理由がある。カーステンセンはコミカルな音楽に合わせたダンスを披露したほかに、ウィーン楽派やイタリア歌劇など、本格的なクラシック音楽の上演も催していたからだ。今日では「チボリ・コンサート・ホール」で演奏することは、デンマーク人だけでなく海外の音楽家にとっても誇り高いものとなっている。

また、チボリは、噴水や池と一五の庭園のある「水と緑の園」としてもデンマーク人に愛されている。散策をすると分かるが、心地良い庭園の風景は元が堀であった地形を生かして造られているので変化に富んでいて、園内の歩道を歩きながらそれぞれの庭園をめぐると、上ったり下ったり、池や沼に沿ってジグザグに歩くことになって、これもまた楽しい。一八〇〇年初期にイギリス艦隊によってコペンハーゲンが攻撃されたときに土砂に埋まった大砲があったのだが、これを掘り出してそれで花火が打ち上げられたとか、一六五九年のスウェーデンとの戦いで亡くなった兵士の「遺骨の掘り出し禁止」という看板が立っていたなど、元の堀のあたりには当時を語る珍話も多く残っている。

開園の年の一〇月には、特別な催しとして童話作家アンデルセンが自身の新作童話の語りを披露している。この日の語りは、中国を舞台としている童話から始められ、聴衆は遠い東の国でのロマンに聴き入ったのである。園内には中国の塔があり、中国風の装飾が所々に見られるのだが、これは当時のアンデルセンが行った物語に由来している。これを、現代のデンマーク人も、赤と金の色彩で華やかな塔や装飾をエキゾチックだと言って気に入っている。私にはまるでオモチャ箱から飛び出してきたもののように思えるのだが……それだけに、チボリは「おとぎの国」であると感じることができる。

毎春、庭園には四万八〇〇〇株の花が植栽され、カーネーション祭りには特別に五万株の花々が用意される。池の水面には、チボリが造られる以前から生きている樹木が何本もその姿を映している。水のせせらぎの音や小鳥のさえずり、そして野外音楽堂からのジャズが耳を楽しませてくれる。ここで和やかな、静かな雰囲気に浸っていると、時間がゆっくり流れていた時代までタイムマシーンに乗ってさかのぼってしまうようで、まるで違う世界にいるように感じられて日常の慌ただしさをすっかり忘れてしまう。背の高い樹木の向こう側に見え隠れするコペンハーゲン市庁舎に気付いて、やっと現実の世界に引き戻されて園外の賑やかな市街地を思い出す。

北欧のゆっくりやって来る夏の夜は、チボリの美しさが格別となる。とくに、夜風が夏の日差しでほてった肌にひんやりとして心地良い時間帯のチボリは、照明が点灯してより美しくなり、そして食事とビールが数段おいしくなる。

チボリの正面玄関付近には、並木道に沿ってオレンジ色や黄色で楽しく彩られたたくさんのランプが訪問者に歓迎の意を表しているように華やかに輝いている。遊歩道には、明るすぎず、また暗すぎないように、適当な間隔で照明燈が並んでいる。池の周囲に配置された灯りはらせん状

チボリ正面玄関

アンデルセンの語りにちなんだ中国の塔

チボリの庭園

のシェードがかかっていて、子どもたちが大好きなピエロのようにふざけた調子で愉快な表情を庭園に向けている。水面には、光を浴びながら飛んでいる巨大なトンボが、これも照明で夜の深くて暗い池を生き生きと見せている。

夜の公園が美しく演出されているのは、一一万もあるという園内の照明の一つ一つがチボリにふさわしいような形態と適度な明るさをつくり出すように設計されているからだ。ここにある照明器具のすべてを、一九二〇年代に活躍した、デンマークを代表する照明デザイナーのポール・ヘニングセン（一八九四～一九六七）が設計している。彼がデザインした独特の柔らかい光で温かいシーンを演出している照明器具は、デンマークの街のあちらこちらで、そしてオフィスや住宅でもよく見かけられる。建築家やデザイナーにとっても、チボリのために仕事をするということはこの上なく光栄なのである。

チボリは、子どもも大人も我を忘れて楽しむことのできる、デンマーク人の心がつくり出した「おとぎの国」である。デンマーク人は、「チボリはほかの国の人には誰も真似ることができない」と自負している。最先端技術を駆使しても、チボリ公園の和やかで温かい雰囲気はつくり出せないというのである。毎夜二四時まで開園しているチボリは、夜の散歩には少し肌寒く感じられるようになる九月下旬に夏のシーズンを閉じる。

一九九七年七月一八日からは、日本でもチボリのおとぎの国を体験できるようになった。水と緑が美しい、一二ヘクタールの「倉敷チボリ」である。日本のチボリの構想図は、一九八八年にデンマーク人ランドスケープデザイナーによって描かれた後、日本人建築家とエンジニアの手によって実現したのである。デンマークのチボリと同じく、帆船ジョージⅢ世号が池に浮かび、ポール・ヘニングセンが設計した照明燈が夜を飾っている。しかし、童話作家アンデルセンにまつわる中国風の建物は見られず、代わって、一六世紀からの古い煉瓦造りの建物が軒を並べるコペンハーゲンの街並みや、デンマークの伝統的な瓦屋根の家屋が造られた。倉敷チボリを訪れると、おとぎの園だけでなくコペンハーゲンやデンマークを旅することもできる。

日本のチボリのオープンにちなんで、本家コペンハーゲンのチボリでは、毎年八月にジャパニーズ・デーが催されている。正面玄関には鯉のぼりと日の丸がデンマーク国旗の間に掲げられ、園内の広場には提灯《ちょうちん》が灯り、日本の伝統工芸品の展示即売や生け花教室、柔道や空手などの披露、そして焼きとりや寿司の屋台まで並んで、日本文化が一堂に公開される。ジャパニーズ・デーの催しに興味を寄せているデンマーク人はとても多く、日本とデンマークの文化交流という趣である。中国の塔と飾りをエキゾチックと感じるデンマーク人はほかの文化に対しても興味津々で、日本の文化に対する理解も深い。チボリが世界各国の異なる文化を紹介していることも、またデンマーク人がチボリを誇りにしているところなのである。

緑の配達便（De Grønne Bude）

夜のコペンハーゲンは広告塔のネオンと街灯がほどよい具合に調和して、楽しく和やかな雰囲気を保っている。一八〇〇年代後半に建てられた煉瓦造りの大きな建物であるコペンハーゲン市庁舎や中央駅のライトアップ、広場や通りの街灯も夜景に温かく感じる明るさを与えている。

デンマーク人は室内の灯りも屋外の照明も、ほのかに穏やかな明るさを好んでいる。初めて北欧を旅する日本人なら、街の中だけでなくて、室内も照明があるのにもかかわらずとても暗いと感じるはずである。しかし、一つの部屋にいくつもの小さな灯りをともして温かい雰囲気をつくり出すのがデンマーク式の照明である。道路照明もこれと同じで、遠くからだと暗く見えている場所でも、そこにたどり着くと空間全体が明るく輝いているような心地良い明るさがある。自転車で走っていても、オレンジ色を帯びたライトが眩しく感じないほどに道路面に向けて光を投じていて、前後から来る車両や人影、地面の凹凸や曲がり具合をはっきりと確認することができる。

道路に面して二階建て以上の建物が建ち並んでいるコペンハーゲンでは、道路の両側にある建物の間にライトが吊されて道路面を照らしている。強風や大雪の日にはライトを吊っているワイヤーが切れて落ちるのではないかと心配したりもするのだが、今までにそのような事件が起きたことはないらしい。いくつもの吊下がったライトをその下の明るい空間が連なって、道路の上には明かりのトンネルができているようにも見える。この長い明かりのトンネルの中を、自動車や自転車と歩行者が行き来しているのである。

照明が星のようにキラキラ光る夜景ではなく、ほんのりと温かい明かりの夜景は、まるでデンマーク人の気質を表しているようで、これもまたおとぎの国の印象をコペンハーゲンに与えているように思う。

昼間のコペンハーゲンの顔は、首都であり商業都市である街らしく、少しばかりビジネスライクである。カメラを首から下げてリュックサックを背負い、のんびり歩く観光客の間を、スーツ姿の若いデンマーク人男性が足早に通りすぎていく。近年、ワイシャツにネクタイを締めてスーツ姿で働くことがとくに若い世代の間で一般的になったようだが、これはデンマークの景気が上向いた一九九六年以降の傾向だと記憶している。一九六〇年代後半から一九七〇年代にかけて盛り上がった若者たちの従来の社会通念や常識からの解放を求めた運動の影響で、個人の自由を尊重することが社会に広く認められるようになったことと、労働組合運動によって平等の意識が高まったため、市役所など公共の施設だけでなく銀行などの接客の多い職場でもカジュアルな服装で仕事をする人々がこれまでは多かった。一九九〇年代前半では、スーツ姿のデンマーク人を見るのは冠婚葬祭だけといっても言い過ぎではないほどだったのだが、最近はよく見かけるようになった。

コペンハーゲン市庁舎

コペンハーゲンの中心街にいて、最近よく見かけるようになったものがもう一つある。王宮の衛兵交代の行進でノロノロ運転の自動車の列やゆっくり走る観光バスが続く合い間を、目の覚めるような速さで走り抜けていく自転車の宅配便たちだ。赤や青、緑色の宅配便会社各々の企業カラーで統一されたサイクルウエアやヘルメットと書類用のリュックサックといういでたちは、スーツ姿の増えたコペンハーゲンの街ではとくに目立つ存在である。コペンハーゲンを訪れた旅行者であれば、自転車の数が多いのに驚くだけでなく、カラフルな自転車の宅配便たちが中心街を縦横無尽に走り回っている風景にも驚かされる。

顧客はまず、自転車宅配の事務所に電話で宅配を依頼する。そこで、依頼主と配送先および配送物と宅配の時間を指定する。事務所は配送中でない配達人に無線で連絡し、宅配の内容を告げると配達人が依頼主の所へ配送物を受け取りに行く。宅配の料金は、タクシー料金のように配送距離に従って換算される。「緑の配達人」の場合には、基本料金が二一クローネで、これに二五キロメートル以内では一キロメートルごとに一〇・二五クローネが、これを超えると一キロメートルごとに八・七五クローネが加算されていく。コペンハーゲン・コムーネ内の配送では五四クローネというから、タクシーよりも安い上に速く、忙しい人々にとって自転車の配達人はたのもしい存在である。

木造の帆船が何槽も着けられている港で、デンマーク料理や魚料理のレストランが軒を並べている「ニューハウン」という観光スポットの片隅に、配達人たちが自転車から降りて休憩する場所がある。ここで見る配達人たちは笑顔でおしゃべりをしていて、さわやかなスポーツマンという印象である。仲間とおしゃべりをしながら水分の補給をしたり足を休めたりしているのだが、一度「トゥルルル」と無線の受信機が鳴って仕事になると笑顔は消えて、そして瞬く間に自転車に乗って走り去っていく。このニューハウンの休憩スポットでは、自転車の宅配便各社のうちで最年長の緑の人々を見ることが多い。

「緑の配達人」という意味の「デ・グルーネ・ブード（De Grønne Bude）」という会社名で、自転車による宅配便がコペンハーゲンに登場したのは一九八九年であった。そして、それまでは自転車に乗った配達人といえば赤いユニフォームの郵便配達人だけであった。現代的な自転車で書類の配達をするデ・グルーネ・ブードは、もちろんそれを意識して「緑」を選んだのである。皮肉にも、同社が開業した一九八九年には郵便局が長期のストライキを行い、書類の送付を必要とした多くの企業が郵便の代わりに同社の配送サービスを利用したため、緑の配達人はスタート直後から追い風を受ける格好になった。

今日では、緑の配達人は昔ながらの赤い郵便配達人と同じようにコペンハーゲンでは知られた存在になっている。四人の学生が自らの自転車で始めた「緑の配達人」の事業は、顧客の信頼を得ながら少しずつ膨らみ、現在はコペンハーゲンだけでなくユトランド半島のオーフスとフュン島のオーデンセにも事務所が設けられ、三つの事務所に登録している配達人の数は二五〇人を超えている。そして、緑の配達人のライバルとして「赤」と「青」の配達人も登場し、三社間の競争になっているという。それでもなお緑の配達人の知名度がもっとも高く、コペンハーゲンに住んでいたり通勤したりしている人であれば、「デ・グルーネ・ブード」と聞けばコペンハーゲンの自転車による宅配便あるいは緑色を思い出すというほどである。

初夏の若い葉のような明るい緑色のユニフォ

緑の配達人

ームを着た緑の配達人は、街の中のアスファルトや石畳の無機質な色の道路上を、生き生きと溌剌としたイメージを残して走り去っていく。デンマークで青信号の色に使う緑色は「発進」の意味でもあって、赤信号や渋滞で停止している自動車のイメージとは対象的にスピード感を表している。また、石油エネルギーを使用しない自転車の宅配便は、環境に優しいというイメージカラーの「緑色」がふさわしいともいえる。どうやら、緑の配達人の速くて環境に優しいというイメージが、コペンハーゲンの人々に強い印象を与えているらしい。

「デ・グルーネ・ブード」の開業にあたって、「グリーン・ツボー」という名称のビールを醸造するツボー社（現在は、ビール醸造会社のカールスベルグ社に合併吸収されている）がスポンサーとして出資した。デンマークの若者が事業を起こすのに必要な資本を集めるために大きな企業にスポンサーを依頼することがよくあるのだが、緑の配達人は「緑のビール」で有名なツボー社とスポンサー契約を結んだのである。このことは、ビール醸造会社としては老舗であるツボー社にとっても大変有益であった。緑の配達人が同社の会社名が入っているユニフォームを着て街中を自転車で走り回ることで、環境に優しい、溌剌とした会社であるというイメージをツボー社自身も得ることができたからである。

それにしても、コペンハーゲンの自転車の配達人のスピードがどれくらい速いかといえば、自転車での配達人の世界大会あるいはヨーロッパ大会では、必ずデンマークのチームが金メダルを獲得しているというほどである。緑や赤や青のユニフォームを着ることで団体の意識と責任感が増すためにデンマークの配達人が常にもっとも速いのだという意見もあるようだが、デンマークの自転車利用における底辺の広さが、何よりも世界で最速の配達人チームをつくり出している基になっているのではないだろうか。

自由な街の自転車「ビュシュークル（Bycyklen）」

スーツにネクタイのビジネスマンから流行のファッションで身を包んだカップル、写真を撮ったり買い物をしたりするのに夢中になっている観光客や路上で人を集めている大道芸人まで、コペンハーゲンにはそれぞれの理由でやって来たさまざまな背景をもったたくさんの人々がいる。そして、その風景の中には、優雅で大きなフレームの昔風の自転車から、いわゆる自転車という形態の実用車、スカートをはいていても乗れるようにつくられている女性用の自転車、そしてレーシングタイプやマウンテンバイクなどのスポーツサイクルなど、いつもさまざまなタイプのたくさんの自転車がある。その中でも、カラフルに彩られた「ビュシュークル」はとりわけ目を引いている。

「街の自転車」という意味の「ビュシュークル」は、国内外からの観光客が自家用車やレンタカーに頼らなくてもコペンハーゲンの街を自由に移動できるように設けられたデポジット式の貸自転車である。特別にデザインされた一〇〇〇台の貸自転車が市内一二〇ヵ所にある専用の駐輪場に用意され、一九九五年五月三〇日から貸し出しが始まった。専用の駐輪場は、コペンハーゲン・コムーネとデンマーク環境省、コペンハーゲン観光局、文化省、および環境事業を補助する「グリーン基金」が共同で設立した「ビュシュークル基金」が出資して設備したもので、現在もビュシュークール基金が所有している。そして、自転車本体と車輪に設けられた広告スペースには新聞社の「ポリチケン」やスーパーマーケットの「ネット」などが広告を出し、その広告料収入で自転車が製作されている。そして、翌年からの広告料は、その自転車のメンテナンスに充てられている。

ビュシュークルを借りるのはとても簡単で、二〇クローネ硬貨を持っていれば誰でも気軽に借りることができる。市内にある専用駐輪場に自転車を戻すと二〇クローネは返却されるようになっているので、実質的にはレンタル料が無料ということである。カラフルな広告が視覚的に斬新なために、ビュシュークルに乗ってみたいという人々が多く、大好評となっている。

このビュシュークルを開発・設計し、製作しているのは、「スクローダー・サイクル」のヴィルヘルム・クリスチャンセンさんである。スクローダー・サイクルは自転車の製作・販売を行っていて、デンマークの国旗と同色の赤と白の自転車フレームがデンマークの「自転車野郎」の間ではよく知られている。そして、一九九六年のツール・ド・フランスの優勝者であるビヤーネ・

リースをはじめ、数多くの世界的に有名な自転車選手が無名時代にスクローダー・サイクルの設計・製作した自転車で競技に参加していたのである。

スクローダー・サイクルの通りに面したショーウィンドーには、オリジナル自転車とともに世界各国のメーカーのその年の新車が数台飾られていて、一般の自転車店と何ら変わらないように見える。しかし、新車が並んでいるショーウィンドーの隣には、必ずデンマークの国旗のように赤字に白十字のデンマーク・チャンピオンが着るサイクルウェアと、デンマーク・チャンピオンになった選手が選手権で乗っていた自転車が金メダルと一緒に飾られている。店舗のドアを開けて中に入ると、世界各国の自転車選手のポスターや写真が壁の至る所に貼ってあって、この店が自転車競技に情熱をもって真剣に取り組んでいることがよく分かる。店の奥まった場所にはスクローダー・オリジナルの自転車フレームの十数台分が天井にかけられていて、その下の壁にはヴィルヘルムさんがフレームを溶接している写真が貼ってある。同じ場所にある棚に並べられているサイクルウェアや帽子、ボトルなどもすべてスクローダーの名前が入っているオリジナル商品なのである。

自身が自転車競技の選手だったというヴィルヘルムさんは、ひたすらトレーニングに励む若者が好きだ。かつて日本メーカーの自転車部品を買い付けるために大阪を訪れたことがあるのだが、仕事熱心な日本人には好感をもったという。そしてその後で、競輪選手の中野浩一さんが世界選手権一〇連勝という快挙を成し遂げたこともあって（一九八六年）、ヴィルヘルムさんは日本に

ビュシュークルの駐輪場

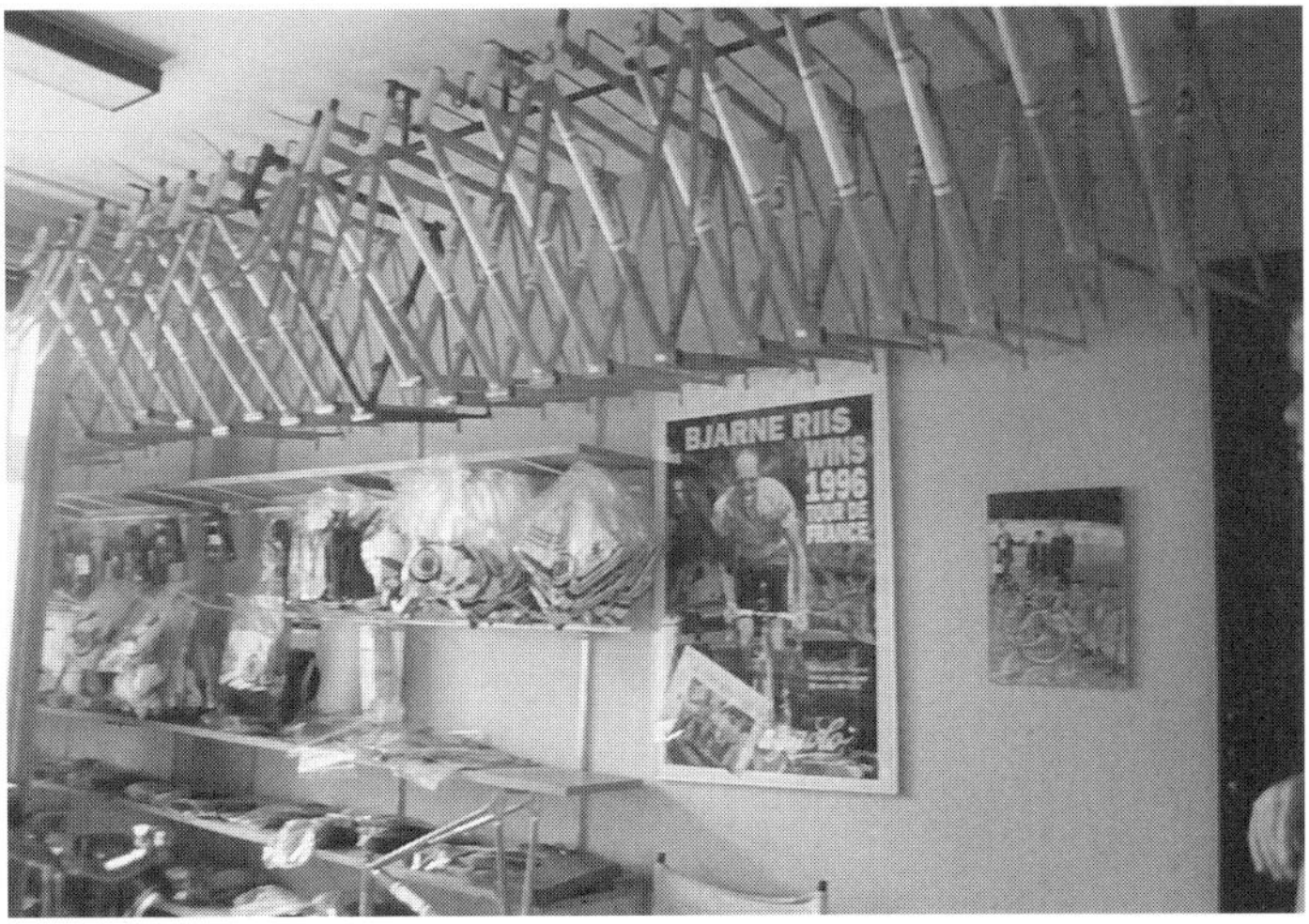

スクローダ・サイクル店内

対して一目置いている。厳しい人と評判のヴィルヘルムさんは、自分に厳しく精いっぱい物事に取り組んでいる人々を心から応援している。

数年前からスクローダ・サイクルは、デンマークからははるかに遠いシンガポールのクラブチームのために競技用の自転車を製作している。このクラブチームは、競技用の自転車の製作を依頼するためにヨーロッパ各国を訪れて、その際にスクローダー・サイクルにも立ち寄った。そのときヴィルヘルムさんは、名もないシンガポールの新しいクラブチームを励まし、応援するつもりでこのクラブチームのために自転車製作を請け負ったのである。このクラブチームは、スクローダー・サイクルの自転車でシンガポール国内の競技において良い成績を収めたらしいのだが、彼らのことをヴィルヘルムさんに尋ねると、「いやあ、まだまだだめだ、あいつらは」と厳しい返事が返ってくる。とはいえ、小柄な黒い髪の選手たちがシンガポールの観光スポットである「マー・ライオン」を背景にして撮った写真を店舗内の壁に貼っているところから察すると、ヴィルヘルムさんは心の中で遠い暑い国の自転車選手へ声援を送っているようだ。

スクローダー・サイクルを訪れると、ヴィルヘルムさんの親戚であるという若いニコライ君が自転車の組み立てや修理の手を止めて、値札の付いた新型の自転車がびっしりと並んでいる店先に出てきた。しばらくニコライ君と自転車やサッカーの話をしていると、奥の部屋からヴィルヘルムさんがやって来る。奥の部屋には小さなテーブルが置いてあって、店を手伝っている彼の奥さんが用意する朝のコーヒーや昼食をここでとるようになっている。奥さんはデンマーク人の女性にしては珍しく静かで控えめな人で、一九七〇年代にヴィルヘルムさんに連れ添って自転車部品の会社を訪問するために日本を訪れた際、心を穏やかにして苦しみを忘れなさいと唱える仏教に感銘を受けて「仏教徒になってしまった」そうだ。そしてもう一人、息子のニルス・クリスチャンセンさんもスクローダー・サイクルの一員である。とくに、ビュシュークルに関する事務処理はニルスさんの担当となっている。店の奥にあるもう一つの部屋にはコンピュータとファックスがあって、自転車部品を各メーカーに注文することなどができるのだが、ここでニルスさんはビュシュークルのオーダーを受けている。

「コペンハーゲンのビュシュークルは、ドイツでもいくつかの都市で受け入れられているし、二〇〇〇年の夏からはフィンランドのヘルシンキでも利用され始めているんだよ」と、ニルスさんはビュシュークルとそのシステムがデンマーク以外でも認められていることをうれしそうに語ってくれた。

コペンハーゲンの街にビュシュークルが登場したのは一九九五年だが、スクローダー・サイクルのヴィルヘルムさんとニルスさんはビュシュークルに一九九一年からかかわっている。その年のある日、スクローダー・サイクルの長年の顧客二人が店を訪れ、ビュシュークルと呼ばれることになったレンタサイクルのアイデアをヴィルヘルムさんとニルスさんに語ったのである。二人はこのアイデアに関心を示して、すぐさまレンタサイクル開発が始まった。四人の誰もがこのアイデアの成功を確信していたが、開発資金の都合がつかず、最初に街に送り込んだ試作車二七台は敢えなく撤収となっている。この後、スクローダー・サイクルにアイデアを持ち込んだ二人はこの計画から遠ざかり、レンタサイクル開発は中断したままになっていたが、このアイデアを忘れることはできなかったとニルスさんは言う。しばらくして、例の二人のうち一人が自身の自転車を修理するためにスクローダー・サイクルに立ち寄ったとき、再びこの計画の話となり、新しい資金繰りを検討して開発を再開することになった。発案者の二人とスクローダー・サイクルがビュシュークルをコペンハーゲン・コムーネに提案したところ、コムーネは世界保健機関（WHO）の設けている「ヘルシー・シティ・プロジェクト」参加における計画のうちの一つとしてビュシュークルの提案を受け入れたのである。

一九九四年にコペンハーゲン・コムーネとコペンハーゲン観光局である「ワンダフル・コペンハーゲン」、環境省、文化省、交通省が出資して、レンタサイクル開発のために三〇万クローネの基金が用意された。これを元にして開発が進められ、一九九五年五月三〇日、初めてのビュシュークル一〇〇〇台がコペンハーゲンの街に登場したのである。しかし、わずか三日後には盗難にあったり壊されたりして、乗れる状態のビュシュークルは街から姿を消してしまった。開発に携わった三人が街中を回ってビュシュークルを探し出し、修理をしたのだという。「とてもがっかりした」と、当時を振り返ってニルスさんは言う。(2)

しかし、コペンハーゲン・コムーネが欧州文化都市に指定された一九九六年に、ビュシュークルは資金授与の機会を再度得ることができた。コペンハーゲンの至る所で美術や音楽、映画をはじめとする特別な催しが欧州文化都市の事業として行われたこの年、この事業に関連してビュシユークルに対してコペンハーゲン・コムーネからの援助があった。スクローダー・サイクルは新たに製作したビュシユークル六〇〇台を街に送り込み、コペンハーゲン・コムーネはビュシユークルのメンテナンスと失業者の職業訓練を組合わせてビュシユークルの管理と修理を請け負うことになった。また、ビュシユークルのフレームや車輪の広告スペースを利用する広告主として新規の企業が数社加わった。

欧州文化都市にともなって観光客の増えたコペンハーゲンでは、ビュシユークルのアイデアは成功した。公的な援助に支えられていた資金繰りも好転し始め、「ゆっくりだが、成功に向かっていることを感じる」と、ニルスさんはビュシユークルにはより大きな発展の可能性があることを示唆する。

一九九八年には、デンマークの工業デザイン賞であるID賞（ID prisen）をビュシユークルは受賞している。授賞理由は、ビュシユークルの環境に優しく、都市における無料の交通機関であり、都市の居住者でも訪問者でも誰もが利用できるというシステムを備えた総合的なアイデア

（2）（Cultural Capital of Europe）美術、音楽、演劇、文芸をはじめ、あらゆる文化活動の催しを一年の会期でヨーロッパ内の一都市が主催するヨーロッパの文化祭。一九九六年にはコペンハーゲンが文化都市として選ばれて、さまざまな文化行事が披露された。

が認められたためである。もちろん、走る広告塔である自転車本体のユニークな外観が、都市の景色にふさわしいようにデザインされたことも審査員に認められている。

計画の初めからスクローダー・サイクルは、街で利用される自転車としての諸条件を考慮してビュシュークルを設計し、利用が始まってからは機能的・構造的な改善を加えていった。たとえば、フレームは強化され、泥避けは曲がっても折れないABS樹脂製《(3)》のものに変更し、タイヤはチューブを使用しないノン・パンク・タイヤを装着している。この改善によって、ビュシュークルの耐久性は非常に向上した。ある女性は「路上に倒れていたビュシュークルの上を道路清掃車が誤って通ったのを見たのですが、ビュシュークルは壊れていませんでしたよ」と、ニルスさんに伝えたという。

ニルスさん

そして、ビュシュークルの構造は体格や性別を問わず、どのようなサイクリストのどのような活動にも合うように考えられている。具体的に言えば、サドルの高さが調節できる機構を備えたサドル・ポストや安定した心地良い走行のためのユニークなハンドルバーで、どちらも特許を取得しているという。また、交通量の多い所を走っていても容易に加速および減速が可能なように、「楽々ペダル・ギア」とスクローダー・サイクルが呼んでいる低速ギアが装着されている。これによって高速スピードを抑制し、安定した速度で走ることができるので、街のどこまで走っていっても疲れないようになっている。

スクローダー・サイクルは、ビュシュークルの心地良い走行性に配慮しただけでなく、都市で利用される自転車であるということから盗難防止のための工夫も試みている。ビュシュークルに使用されている全部品は通常の自転車とは異なるもので、部品の取り外しには特別な工具が必要となっている。

ビュシュークルに乗る観光客を見て自転車利用を始めたデンマーク人も多いらしく、コペンハーゲン・コムーネ内の自転車利用はこのシステムの導入以降増えたという。そして、ビュシュークルが登場してから、コペンハーゲン・コムーネ内での自転車盗難は三〇パーセント減少したと

(3)（Acrylonitrile, Butadiene, Styrene）プラスチックの一種のアクリルニトリル、ブタジエン、スチレンを重合させた耐熱性のある強固な樹脂。

いう。さらに、駐車場の問題解決や環境改善にも貢献できるとニルスさんは考えている。

　設置から七年を経た現在、二〇〇〇台のビュシュークルがコムーネ内の各専用駐輪場に用意されているというが、天気の良い日には駐輪場で借り手を待っている自転車はまったく見当たらない。すがすがしい青空の下、キラキラするような太陽の光を浴びて次から次へとビュシュークルが楽しげに走り抜けていく。

　好評を得たビュシュークルは今では国外にも知られるようになり、コペンハーゲンに来たら一度はビュシュークルを利用して街を走ってみたいという海外からの観光客もいるほどで、ビュシュークルはコペンハーゲン・コムーネ内の観光においては欠かせないものになった。

　また、ビュシュークルを導入したいというデンマーク国外の都市からの要望もある。アメリ

ビュシュークルに乗る観光客

カのクリントン前大統領が一九九七年にデンマークを訪問したときには、お土産としてビュシュークルを一台持ち帰っている。その後数年して、アメリカの大学キャンパスで利用する計画が始まった。ヨーロッパではビュシュークルに対する関心は非常に強く、デンマーク国内のほかの都市はもちろんのこと、ドイツ、フィンランドをはじめ他国のいくつかの都市が環境に優しい都市交通手段としてビュシュークルをすでに導入している。

自由気ままに自転車で街を走り回るというデンマークのライフスタイルを、ビュシュークルを通して世界各国の人々が体験できるようになった。

ビュシュークルで人魚姫に会いに

ビュシュークルでさっそうと自転車に優しいコペンハーゲンの街を走りたいところだが、中心街はさらに歩行者に優しく、自転車で通り抜けることはできない。コペンハーゲンの中心には、市庁舎広場から王立劇場のあるコンゲンス・ニュートウ広場まで、旧市街を東西に貫く通称「ストロイエ」という石畳の歩行者専用の通りがある。ここには、陶器の「ロイヤル・コペンハーゲン」、銀製品の「ジョージ・ジェンセン」という名店のほかに、毛皮のコートや琥珀のアクセサリーなどのデンマークの名産品の本店が並んでいて、季節を問わずたくさんの観光客でにぎわっている。ストロイエとはTの字型で結ばれている「クマゲーデ通り」もまた歩行者専用で、どちらの通りも自転車を含めた車両の通行が禁止されている。歩行者専用道路になったのは一九六二年のことで、これでゆっくりと買い物が楽しめるようになったため、通り沿いの店舗ではその後の売り上げは大きく向上したという。

一二〇〇メートルほどのストロイエの端から端まではゆっくり歩いて一五分ほどで、自転車を引いてショーウインドーを楽しみながら進むと、ガンメルトウ広場とアマートウ広場にある彫刻の施された噴水や、運河の向こう側にあるクリスチャンスボー城、旧証券取引所の大きな煉瓦造りの建物など、デンマークの文化に出会うことができる。

ストロイエの東の終点は、中世のコペンハーゲンの街を守るために造られた壁の門の一つである「東門」のあった場所である。一七世紀には東と北西に向かって街が壁の外側に広がったため、一六七〇年に旧市街と東門の外側の新しい街をつなげるような計画が立てられた。これが、コペンハーゲンにおける最初の都市計画である。そして、このプランに基づいて造られたのがコンゲンスニュートウ広場である。

広場の中心には当時の国王クリスチャンV世（一六四六～一六九九）の像があるが、これは一六八八年に設置されたのだという。

ストロイエを背にしてコンゲンスニュートウ広場に立つと、右手にシャーロッテンボー城と左手に古い帆船や漁船がいくつも停泊している運河が見える。この運河がニューハウンで、コペンハーゲンの観光名所の一つになっている。一六六九年から四年をかけて造ったニューハウンの目的は、通常は港で行われる商品の取引を街の中心に引き寄せようというものであった。

現在は運河沿いにレストランが軒を並べているが、その昔は船員の集まる酒場や入れ墨の店が多く、酔っ払った船員同士の喧嘩が絶えない場所であった。船による輸送が陸送に代わると、コペンハーゲンの各港を利用する船の数が少なくなり、コペンハーゲン・コムーネはニューハウンの運河に古い木造船を展示し、街でもっとも古い中世以来の建物が集まっている観光地として運河周辺を整美したのである。太陽の輝く夏の日には、各レストランは店の前にテーブルと椅子を並べ、生ビールのカウンターを用意す

ニューハウン

る。木陰には、自転車での宅配便の若者が休憩にやって来る。屋外レストランの客と運河沿いを通る人々は、生ビールと乾いた空気と太陽と青空をともに味わっている。ここでは、誰もが笑顔で、あたり一帯が明るい笑い声に包まれる。

美しい風景と快活な雰囲気のニューハウンを愛し、ここの運河に面した住居に長年童話作家のアンデルセン（一八〇五～一八七五）は住んでいた。最初に住んでいたのはニューハウン二〇番地で、ここで一八三五年に最初の童話を書いている。一八四八年から一八六五年に住んでいた所は六七番地で、ここでのアンデルセンの住居は、運河と対岸を見渡すことのできる日当りのよい所であった。アンデルセンは晩年となる一八七三年から一八七五年の間もニューハウンで過ごし、シャーロッテンボー城を運河の対岸に見る一八番地の家に住んでいたという。一四歳で故郷フュン島のオーデンセを離れ、コペンハーゲンへ上京してきた彼は、作家として認められるまで苦労を積んできたのである。ニューハウンで毎日繰り広げられる日常のドラマに、アンデルセンは親しみを感じていたのかもしれない。

アンデルセンがニューハウン六七番地の家から眺めていた運河の対岸は、昔から海軍基地となっていた。近年、デンマークの軍事基地が街から郊外へと移っているのだが、「ホルメン」と称されているニューハウン対岸に見えるコペンハーゲンの海軍基地も移転が進み、跡地は美術や建築、演劇、映画などの芸術系の学校によって利用されるようになった。

ホルメンに各種芸術学校が移ってくるより前の一九九三年に移住してきたのは、ボスニア・ヘルツェゴビナからの難民であった。ニューハウンというコペンハーゲンでももっとも人々が集まる観光地の正面に難民の宿舎を用意したことに対して、難民への配慮が欠けていると非難する声もあった。現在は、宿舎側の岸には「難民の人々を慰めるために」制作されたという彫刻が数点並んで立っている。喜びと悲しみが入り混じったピエロのようにも見える、白い抽象的な形態の作品である。

デンマークは、戦争を逃れた難民や、思想の相違によって自国を去らなければならなくなった人々の受け入れを積極的に行ってきた国である。旧ユーゴスラビアの内戦勃発後は、ボスニア・ヘルツェゴビナからの多くの難民を、アメリカやほかのヨーロッパ諸国と並んでデンマークも受け入れている。また、現地およびデンマーク国内の難民宿舎においての人々の生活を助ける活動には、たくさんのデンマークの若者が参加している。私はこれらの難民である人々とデンマーク語の教室で机を並べたことがあるが、彼らは「戦争の惨劇によって受けた心の痛手や家族と離れ離れになって暮らすことの悲しさを忘れることはできないが、平和に暮らすことのできる場所を提供してくれたデンマークには感謝している」と言う。

しかし、本国の資格がデンマークでは認められないため仕方なく失業の身となってしまうことや、本国の大学に在籍中であっても高いレベルのデンマーク語を習得しなければデンマークの大学に入学できないことなど、平和と引き換えにデンマーク語とデンマークの資格という厳しい条件を受け入れなければならないジレンマを難民が抱えていることは事実である。また、デンマーク側では、外国人による犯罪件数が急増しており、難民だけでなく外国人の受け入れの制限を要求する声も上がっている。ボスニア・ヘルツェゴビナからの難民受け入れ後の、ソマリアやコソボからの難民受け入れに対しては強く反対する意見があった。人道主義に則って行ってきた難民の受け入れだが、改革の時期に来ているようだ。

一六〇〇年代に造られたコンゲンスニュートウ広場とニューハウン一帯、およびその隣の一七〇〇年代に整えられたフレデリクス・スターデンという地区に現在の王室の住居となっているアマリエンボー宮殿がある。このフレデリクス・スターデンの整備は当時の国王であるフレデリックV世（一七二三〜一七六六）の指揮によるもので、中世のコペンハーゲンの街を拡張するものであった。建築家のN・アイトヴェド[4]の設計に基づいて、一七四九年から一七五四年の間に建設されている。この一部に、アマリエンボー宮殿が元は王妃の住居として造られたのであるが、一七九四年にコペンハーゲンの中心部にある王室の居城であったクリスチャンスボー城が火災で消失してからはここが王室の住居に代わった。

デンマークは一八四九年に憲法を制定して立憲君主国となり、それ以来、国民による民主主義に則った政治を貫いてきた。国民の多くは、デンマークが民主主義の徹底した国家であることと、福祉が充実していることを誇りとしている。そして、王室はデンマーク人の誰もが尊敬と親しみを込めて誇りに思う国の象徴となっている。

デンマーク王室は国民にとって近い存在で、現在の女王マーグレーテII世は雑誌などが行うデンマークの人気有名人投票の上位一〇人に必ず上がっている。毎年大晦日には、マーグレーテ女王がテレビ放送を通じてデンマークと自治領のグリーンランドとフェロー諸島の全国民に語りかける。またこのときだけでなく、女王をはじめ各王家の人々へのインタビュー番組を通じて王室の人々の姿勢を国民は知ることができる。コペンハーゲンの街で、買い物途中の王子を見ることも珍しくないことに至っては、デンマーク王室と国民の間に高い壁が築かれていないということを証明している。

第一王子のフレデリックは、二〇〇〇年二月から三ヵ月間に及んで、グリーンランドの北端を犬ぞりで窮める旅にデンマーク人探検家とともに挑戦した。「シリウス二〇〇〇」と称したこの旅の様子はのちにテレビ放送で紹介されたが、そこでは、フレデリック王子は仲間とともに作業所で橇をつくったり、料理をしたり、犬の引く

フレデリクス・スターデン

（4）（Nicolai Eigtved：一七〇一～一七五四）建築家。イタリア、フランス、ドイツで建築を学び、フランスの優雅で繊細なロココ様式をデンマークに紹介した。一七三五年から王室付建築家となり、クリスチャンスボー城の改築、フレデリクススタ－デンとアマリエンボー宮殿、王立フレデリクス病院、クリスチャンス教会などを手がけた。

橇を押したり引いたりする一人の若者として映っていた。

第二王子のヨアキムは事業家である。香港で事業の研修中に知り合った現地のキャリア・ガールと結婚し、現在はデンマークの旧農家を改造したレストランを営んでいる。王子が香港の女性を配偶者とすることが許されるあたり、デンマークの人々が国際的で人種差別をしないことを象徴しているようだ。

一九九八年六月の天皇皇后両陛下のデンマーク訪問時には、王室がホストとなって御二人をデンマーク国内各地へと御案内した。これにあわせて、マーグレーテ女王と夫君のヘンリク王子とともに天皇皇后両陛下がコペンハーゲンの街を馬車でパレードをした。女王の衛兵が二台の馬車の前後を行進し、もちろん至る所に警備の人々が見張っていたのだが、沿道でデンマークと日本の国旗を振りながら女王陛下御夫婦と天皇陛下御夫婦が通るのを待っていた人々を囲う柵などはまったく設置されていなかった。私もほかの日本人とともにコンゲンスニュートウ広場に立って日の丸を振っていたのだが、テレビの画面で遠くに映っている姿しか見たことがなかった天皇皇后両陛下が笑顔で手を振りながら私の目の前を通りすぎた瞬間に、ここデンマークでは王室と国民の間に壁がないことを改めて実感した。

現在はこうして平和で治安のよいデンマークも、西暦約八〇〇年ごろの王国成立後には数々の戦争を繰り返したという歴史がある。港に入ってくる船を監視するコペンハーゲンの砦が築かれたのは一六六二年から一六六四年の間である。先にも記したように、一六五八年にスウェーデンとの戦争で南スウェーデンを失い、デンマーク本土の東端に位置する拡張しつつあった首都コペンハーゲンを守るために砦は造られたのである。当時の国王フレデリックⅢ世（一六〇九～一九七〇）は、オランダ人エンジニアのヘンリック・ルース（Henrich Rüse、生没不明）に戦略の新しい基本に則った砦の設計を依頼したのであった。北海道の五稜郭と同じような形状をしている二重の堀の内側には、東西南北の方位に従って建物が配置されている。東西の軸に教会と司令官の宿舎が配置され、これらはそれぞれ一七〇四年と一七二五年に築かれた。

しかし、一八四八年から一八五〇年と一八六四年のドイツとの戦争に敗れて、シュレスヴィヒとホルスタインの地域を轄譲してから後は、政府は常に戦争回避に努めてきた。第一次世界大戦には中立国となっていたが、第二次世界大戦時にはナチス・ドイツの占領下に置かれている。

デンマークも隣国であるドイツとスウェーデンもヨーロッパ連合（EU）に参加している現在は、コペンハーゲンの砦は本来の役割を果たしていない。今でも変わらずデンマーク軍が堀の内側の建物を使用しており、二ヵ所ある門には警備兵が常駐しているが、砦が建設された当時のままの石畳の上を歩くことは一般人にも許されている。時折、制服を着た士官に出会うが、検問もなく、咎められることもなく、穏やかである。自転車を門の傍に置いて砦の中心まで歩いてくると、頭上に大きな雲の浮かんだ空が見えるだけで、周囲が土手に囲まれているため外側の建物はまったく見えない。高い土手に囲まれているためか、静まり返っている。堀の土手は一九八五年から一九八七年の間に整備されて、近隣の市民が散歩やジョギングを楽しめる場所となった。土手の数ヵ所には昔の赤い筒型の大砲が置かれていて、少年たちを魅了している。

運河の河口へ目をやると、遠く向こうにはスウェーデンが見える。高速フェリーに乗って四五分で到着する南スウェーデンのスコーネ地方である。

第二次世界大戦中にデンマークを占領したナチス・ドイツは、スコーネ地方と向かい合うデンマーク側の海岸線の数ヵ所に要塞を設置した。コペンハーゲンのこの砦にもドイツ軍の大砲が設置されていたのだが、一九九七年に撤去された。ヨーロッパがEUとして統合してから、砦は緊張の糸を緩め始めた。

砦の街に面した部分では、堀の外側に一七八〇年代に整えられた遊歩道があり、芝生が敷かれ、そして彫刻が置かれてクラシックな雰囲気の公園になっている。風車小屋の見えるあたりでは初夏になると特別美しい風景で、明るい日差しに樹木と芝の緑が輝き、堀の水にはつがいの鴨が巣づくりをするという牧歌的な光景となる。結婚の記念写真をこの場所で撮影するカップルもたくさんいて、そこが砦の敷地であるとは信じられないほどである。

遊歩道は、一九世紀後半から二〇世紀前半にかけて造られた砦広場へと続いている。ここには、戦争の悲劇を忘れず、平和な将来を築くことを唱えるために小さな戦争展示館がある。現在ここは、ナチス・ドイツの占領から解放して平和をもたらした当時のイギリス首相ウイストン・チャーチル（一八七五～一九六五）の名前をとって「チャーチル広場」と呼ばれている。この広場に面して、一九世紀にイギリスとデンマークの友好を記念して建てられた英国国教会の聖アルバン教会がある。堀の水に姿を映して立つビクトリア・ゴシック様式の教会は美しく、チャーチル広場に気品を与えている。

教会の傍らには、雄々しい姿で牛車に鞭を振る、北欧神話に登場する勇壮な女神ゲフィオンの噴水がある。ここからコペンハーゲン港に沿って心地良い遊歩道が続いている。緑が茂り、色とりどりの花が咲く夏の盛りにはもちろんのこと、冬の日でも天気が良ければフラっと歩いてみたくなる。この遊歩道は、一七世紀にコペンハーゲンの砦の海岸線に沿って築かれた「ランゲリニイ」と呼ばれている堤防の上にある。

ゲフィオンの噴水から緩やかな坂を上り、左手に砦、右手に港を見ながら歩みを進めると、港が一望できる高台に立つ。足下には税関事務

砦の外にある豊かな緑

所がある。小鳥たちが忙しそうに餌を探している植え込みの周囲を回ってランゲリニイに下りると、青空にはカモメが旋回し、行く手に小さく人魚の像が見えている。

人魚の像の周りには、季節を問わず世界各国からの観光客が絶えることがない。人魚と一緒に写真を撮る人々が多いほか、コペンハーゲンの運河巡りツアーの遊覧船は人魚の背後でUターンして、ツアーガイドが人魚の像についての説明をする間に観光客はカメラのシャッターを切るなど、大変にぎやかな場所である。

しかし、冬の凍てつくような冷たい日は、空と海の青さが一段と澄んでいて夏とは異なる美しさがある。冷たい空気の中でベンチに腰をかけておしゃべりをしている地元の人々がいるだけで、観光客の姿はなく辺りはひっそりとしている。岸に打ち寄せる波と、時々行き来する船の低いエンジン音が静かに響いているだけである。

明るい賑やかな夏も、ひっそりとした冬も、波打ち際の同じ場所に悲しげな表情をして人魚は座っている。人魚は、H・C・アンデルセンが一八三七年に発表した『人魚姫』の物語の主人公であることは言うまでもない。人魚の像は彫刻家のエドワード・エリクセン（Edvard Eriksen：一八七六〜一九五九）によって制作され、一九一三年にビール醸造会社のカールスベルグ社社長のカール・ヤコブセンからコペンハーゲン・コムーネに寄贈されたものである。

王立バレエ団のプリマドンナをモデルとして人魚は制作されたはずであるのに、その顔は彫刻家の妻に似ているなどと噂されていたりするのだが、真偽のほどは定かではない。コペンハーゲンの名所として世界的にも有名な人魚像は、実際は小さくてあまりにも普通すぎるように感じられる。しかし、人魚に恋してしまった人々もいるらしく、何者かが人魚の像の首を切って頭部を持ち去るという事件が一九六四年と一九九八年に起きている。一九六四年のときには盗まれた頭部は戻ってこなかったため、原型から頭の部分だけを新たに制作したのだという。一九九八年の場合には頭部が発見されて元通りに付け直されている。このときには、首切り事件が二度と起きないように首を内部から補強している。

人魚の像の首切り事件についてのデンマークのメディアの対応は非常に淡々としたもので、通常の盗難事件と同様の報道であった。しかし、デンマーク人にとっては、海外における人魚の像の事件に対する反響が大きかったことの方により深い関心があったらしく、アメリカや日本などでは新聞の一面を飾る記事として取り扱われたということを報道している新聞もあった。

水飛沫を浴びながらたたずんでいる人魚の背景には、白い三角形の帆を立てたヨットが小さく見えている。ランゲリニイの一部はヨットハーバーとなっていて、夏休みの季節には、ドイツやベルギー、オランダなど、ヨーロッパ各国の国旗を付けたヨットがやって来ている。また、ランゲリニイの所々には記念碑が立っている。それらには、世界大戦の戦死者に追悼を捧げるものや、遠い異国への旅を記念したもの、朝鮮戦争へ国連軍として従事したデンマークの医療船に対する感謝の印に韓国から寄贈された石碑などがある。記念碑の一つ一つに刻まれた文字からは、デンマークの海運国家としての、また民主主義国家としての歴史の一部がうかがえる。

ランゲリニイの突端は、大型船舶の船着き場になっている。陸送や空輸による物資輸送が増えた現在、輸送船はランゲリニイに着かなくなった。しかし、その代わりにノルウェーのオスロやロシア、クロアチア、リトアニアなどからのフェリーが寄港するようになった。観光フェリーの船着き場にふさわしいように、デンマークの土産物を販売する店や、喉を潤しながら腰掛けてフェリーの出航を待つことのできる喫茶店などが、コペンハーゲンが欧州文化都市として多くの訪問者を迎えた一九九六年以降、新しく開店している。

ランゲリニイの堤防の上では、夕陽が傾いてくると大砲を撃つ低い音が聞こえる。コペンハーゲンの砦から放たれる、日没を知らせる砲である。天気が良ければ、砦の大木の向こう側に大きなオレンジ色の太陽が輝いている。そして、晴れの日の散歩を楽しんでいた親子も、乳母車を押した若いお母さんたちも、中高年のカップルも家路に着き始める。今はもう敵軍を撃つことのない大砲の音は、静かな夕暮れの象徴へと変わっている。

ニューハウンから乗ってきたビュシュークルで、このまま北へ海岸に沿って新鮮な波風を浴びることもできるのだが、夕暮れ時であれば、コペンハーゲンの中心街の人々の集まっている喫茶店が恋しくなったりもする。

コペンハーゲンのもう一つの顔

つい最近まで、デンマークで「ちょっとお茶する」ことは難題であった。一人であればどうにでもなるものの、視察でデンマークの企業や官庁を訪れる客人と一緒のときなどは、安い昼食や一休みの場所を見つけるのが難しくて、冷汗をかくような思いをしたことが何度となくある。外から窓越しに見える店内には女性も座っていて、テーブルの上にはろうそくが灯されていて一見東京の昔ながらの喫茶店のように見えたのでドアを開けて入ってみると、立ったまま瓶ビールをラッパ飲みしている男性がジロッとこちらを振り返ったりする、デンマーク語で「ヴェアツフース」と呼ぶ酒場なのである。周辺には軽い食事をするような店も見当たらないので思いきってウエイターに聞いてみると、「スモー・ブロッド」というデンマークのオープンサンドイッチがあるという。これは薄くスライスしたライ麦パンにバターを塗って、その上にニシンの酢漬けやレバーペースト、カレイのフライ、ローストビーフなどを好みによって乗せて、フォークとナイフを使って食べる。しかし、通常ヴェアツフースでは、ビールかほかのアルコール類しか置いていない所が多いので、コーヒーが欲しいという場合はわざわざ従業員用のコーヒーメーカーで入れてもらうことになる。

このような状況であったのが、一九九〇年代の半ばからフランスの典型的な喫茶店である、コーヒー、紅茶から各種のソフトドリンクと軽食を用意した「カフェ」が、コペンハーゲンの街だけでなくデンマーク各地の都市に増えてきた。ブランチが有名な所もあれば、レストラン顔負けのおいしい食事を出す所もある。

コペンハーゲンの中心街にある「カフェ・ソマースコ（Café Sommersko）」（「夏の靴」という意味）は、一九七六年にデンマークで最初のフランスのカフェ・スタイルの喫茶店として開店した。パリのカフェに作家や芸術家が集まっていたように、ソマースコは作家や編集者、建築家、音楽家など、多くの文化人が利用している。コペンハーゲンの中心街に位置しているという場所がらか、大学や仕事場あるいはショッピング帰りの学生からビジネスマン、乳母車を押した若いお母さんまで、あらゆる人々が集まってくる店となっている。またここで、無名アーチストの絵画展示や若い音楽家によるジャズ演奏を楽しむ機会もある。ソマースコは、芸術家に発表の場を積極的に提供しているのである。

ソマースコの常連客で自称作家のニルス・リュドンさんは、ソマースコが開店二五周年にあわせてつくり直したメニューに「すべては君のもの」という詩を贈っている。「カフェ・ソマースコはこの街では最高の交流の場」という言葉から始まる詩の中で、ソマースコでさまざまな人々に出会うことができるとニルス・リュドンさんは語っている。

ニルス・リュドンさんは、必ず二つに切ったレモンとティーポットの紅茶を注文し、カウンターに立ったままで新聞を読みながらレモンティーを味わっている。一九七〇年代には、教師としてデンマークの義務教育機関である九年制のフォルケスコーレ（日本の小・中学校）に勤めていて、私のパートナーであるフーバート・エリクセンの担任の先生だったのである。恩師に会うために、ときどきソマースコに立ち寄るフーバートと一緒に私は、彼と文化交流をする。

ニルス・リュドンさんに会ったときの話題は、決まって、伝統的な主流とされている文化とは異なる価値観を伴っている、時代の流れによってつくられるサブ・カルチャーとなる。コペンハーゲンのサブ・カルチャーの発信地は、「ヴェスタブロ」と呼ばれる地区である。ここは世界のあらゆる所からやって来た人々が住んでいる人種のるつぼであり、刺激的なエスニックレストランが集まっている。歴史をさかのぼると、一八〇〇年代後半には、地方からコペンハーゲンに農産物などの物資を輸送してくる人々を相手にした酒場や売春宿が立ち並んでいたという。そして、大都市で富を得た人々の大きな館が次々と建てられたのだが、第二次世界大戦下のナチス・ドイツの占領中には、これらの館はドイツ軍の所有となった。ドイツ軍が引き揚げた後、現在もそうだが、館のほとんどはホテルになっている。ホテルの周辺にはポルノ・ショップが多く、売春婦が立っていることもある。チボリ

カフェ・ソマースコでニルス・リュドンさんと語り合う

の位置するコペンハーゲン中央駅の表側の華やかさや明るさとは対象的に、駅の裏側にはいかがわしさと暗さを秘めた怪しげな顔がある。

しかし、コペンハーゲンの文化人の中には、ヴェスタブロ地区の人間模様に魅かれて、この地区に住みながら、ここで起きている事柄を題材にして執筆あるいは美術、音楽活動をしている人々がいる。こうした芸術家の創作がサブ・カルチャーへとつながっている。そのうちの一人は、小説家でミュージシャンのダン・チュレル（Dan Turéll：一九四六～一九九三）である。ヴェスタブロを愛してやまない彼は、デンマーク人の間では「ヴェスタブロと言えばダン・チュレル、ダン・チュレルと言えばヴェスタブロ」というように知られている。コペンハーゲンの街角を舞台にした数々の推理小説のほかに、新聞や雑誌への寄稿の中でもこの地区で暮らす人々について語っている。そして、癌に侵されて病床に就くと、ヴェスタブロを散歩した想いを一遍の詩に残している。

カフェ・ソマースコで会うニルス・リュドン（Niels Rydung）さんも、ヴェスタブロで生きる人々を愛する一人である。彼の興味は、社会の脱落者として見られるような人々に向いている。そして、薬物から逃れられなくなって、お金を稼ぐために夜の街に立つ少女たちの感じ方、考え方、生き方を題材にした短編の小説を執筆し、自費で出版している。たとえば、一九七九年に出版した『リスベットは一五歳』は、麻薬のために学校も辞めて売春をしてお金を稼いでいるリスベットへのインタビューを基にして書かれたものである。この中でのリスベットは、一五歳にしてはさまざまな経験を重ねたためか二二〜二三歳の大人の女性のように見えるが、身に着けているアクセサリーから察するところティーンエイジャーで、インタビューのために二人で座っているカフェテリアに流れるロック音楽のリズムに合わせて身体を揺らす彼女の表情はまったく普通の少女らしい、と描かれている。

社会のほとんどの人々が関心を示すことのない問題児のリスベットにニルスさんは温かい眼差しを向けたのである。そして、ニルスさんの短いインタビューの中で彼女は心を開いている。「リスベットもほかの女の子たちもみんな純粋でね」と、ニルスさんは私に語ったことがある。問題児も娼婦も麻薬中毒者も、一般人と呼ばれる人々と同じ人間なのである。リスベットのティーンエイジャーらしい心の動きを描いたニルスさんの文章には、彼女たちへの愛情が感じられる。

そして、この瞬間に突然彼女は、先月のドラッグを中断した期間のことを話し始めた。（そのときに彼女の相談役となった）ソーシャルワーカーは、彼女のことをよく理解してくれなかったのだ。だから、去年の秋に辞めてしまった青少年学校[5]へ戻りたいのだけれども、

(5)（Ungdomsskole）デンマークの義務教育は九年間で、公立のフォルケスコーレ（folkeskole）および私立のフリ・スコーレ（fri skole）で受けられる。しかし、七年生終了後は公認のエフタスコーレ（efterskole）、家政学校（husholdningsskole）、青少年学校（ungdomsskole）においても義務教育を終えることができる。

どうしたらよいのか分からない。今の彼女の状態では長続きしないことはよく分かっているのだけれども、本当は戻りたいと思っているのだと説明する。

するると、突然彼女は鞄を開けて、いつも持ち歩いていて、しわくちゃになって破れてしまった封筒を慎重に引き出した。そして、その手紙を見ても構わないと言う——それは、ぎこちない優しさが込められた、彼女が彼に、そして彼が彼女に書いたものである——当時、彼女は学校に通っていて、一四歳の誠実さと素直さのすべてをあげるくらい彼に恋していた。

彼女はまた慎重に手紙を元のように折り畳み、封筒に入れると、それをまた鞄のもっとも内側のところにしまった。

この手紙は彼女の「弱みになっているのだけれど」、彼女が今でも夢見ている世界へ現実の彼女をつないでいるリボンなのである。

一時間ほど、私たちはカフェテリアに座っていた。突然、彼女は背筋を伸ばしてグラスに残っているココアを飲み干した。

彼女は、うつろな眼差しで私を見ると、

「もう行かなくちゃ。今晩五〇〇クローネつくらないと」

私たちは立ち上がると、彼女は私を抱擁し、そして私たちはヴェスタブロゲーデ通りを歩き始めた。ゆっくりと。彼女はまだヤクが効いたままなのである。

曲がり角で彼女は『ココアをごちそうさま』と言い、そして、早足でイステッドゲーデ通りに向かって歩き始めた。ところが急に、彼女は立ち止まるとこちらを振り返って手を振るのである。

そして、彼女はその角を曲がった。そこでは彼女を待っているものがある。お金が、男が、ドラッグが。

（『リスベットは一五歳』から）

ニルスさんはリスベットを思い出すと、「リスベットは幼かったから、インタビューをした多くの人々の中でもよく覚えていたよ。けれども、インタビューから三年後に彼女は亡くなってね。もちろん、薬物が原因だけれども、優しい子だったから、お母さんから電話があって亡くなったと聞いたときはとても悲しかった。葬式にも参列してね。残念だった」と言って、悲しそうな表情をした。私の知らなかったコペンハーゲンのもう一つの顔をニルスさんは知っているのである。

気がつくと、ソマースコに会社帰りの人々が集まってきてにぎやかになってきている。私たち三人のティーポットも空になり、「今日は話ができて楽しかったよ、また会おう」と、ニルス・リュドンさんはフーバートと私に別れを告げて家路に就く。私たちも暗くなる前にカフェを出て、自転車に乗りながら夕飯のメニューを考えるのである。

第2章

水辺と森の
シェラン島北部

夏至の日の祭

地球儀で見るとかなり北極に近い所にあるデンマークは、アジアでいえばカムチャツカ半島にあたる北緯五四度から五八度の間に位置している。緯度の高さに比べると気温は高めで雪も少ないのは、暖流の「メキシコ湾流」がデンマークの海域に流れ込んでいるからだ。年間の平均気温は七・九度で、一年中でもっとも気温の上がる七月の平均気温でも一六・六度というから、デンマークはひんやりした気候である。もっとも寒くなる一月の平均気温は零下〇・四度であるから、冬の外出時はしっかりとした外套とマフラーに手袋が必要になる。

こうした寒冷な気候のデンマークでは、樹木がまだ若葉のままの五月に、太陽の光がさんさんと輝く、夏を感じる日が突然にやって来る。昨日まで手袋が欲しいくらいだったのに、今日は雲一つない青空が広がり、気温がグングン上昇していきなり夏がやって来る。気温が二〇度を超えると人々は「夏」といい、セイリングやサイクリングにキャンプ、あるいはピクニックや日光浴と、陽光を求めて屋外へ繰り出していくのである。こういう日には、人々はTシャツさえ脱ぎ捨てて、自宅の庭やテラス、あるいは公園の芝生の上、そして浜辺で日光浴に励むのである。海岸線に沿っていくつもあるヨットハーバーでは、冬の間は陸に上がっていたヨットの船体をきれいに磨いてマストを上げるのに大忙しの家族がいる。また、自宅の庭の芝刈りをして、ガーデンチェアとテーブルを並べ、間近になった本格的な夏の到来に準備を整える家族もたくさんある。太陽と青空とさわやかな風があれば、サングラスをかけて肩を出して、少しばかり肌寒くても夏の気分を楽しむのが北欧の人々である。

平坦な地形のデンマークの天気は変わりやすい。今日は夏日でも、一夜明ければグレイの雲が空を覆っている。つまり、青空の暖かい日が毎日続くとはかぎらないのである。しかも、すでに八月には空気が冷たく感じられるようになり、秋の足音が聞こえてくる。北欧の夏はいきなりやって来て、あっという間に去っていくのである。だから、長い冬の間に待っていた「夏」を楽しむことはデンマーク人にとっては一大事なのである。

夏至に向かってどんどん明るい時間が長くなる初夏の北欧では、夜一〇時を過ぎても暗くならない。仕事を終えてからでもゴルフやテニス、サッカーなどの屋外スポーツを充分楽しむことができるし、庭やバルコニーでの夕食や散歩に出かけるのも心地良い。ウアスン海峡には、週末だけでなくウィークデーの夕刻にも数えきれないほどの大小の白い帆が波の上に浮かんでいる。水平線上に浮いたいくつもの白い三角形の帆が風を受けてゆっくりと右へ左へと移動している風景は、デンマークの夏の象徴でもある。そして、沖のヨットを背景にカヌーやウインドサーフィンを楽しむ姿が岸辺にある。特別なことをしなくても、屋外で青空と陽光を楽しむことがデンマーク人にとっては大きな喜びなのである。

自然に囲まれた別荘で終末や夏休みを過ごす家族も多い。美しい湖沼やフィヨルドを見渡せる別荘地は、市街地から車でなら一時間ほどの距離にある。ここで日常の喧騒を忘れて魚釣りをしたり、読書をしたり、のんびりとした時を過ごすのである。

お弁当に飲みものと、大小の皿、コップ、フォークやナイフなどがバスケットに収まったピクニック・セットを携え、家族揃って森や公園で昼食を楽しむのは特別な行事のときにかぎらない。ベンチに腰掛けてサンドイッチをつまんでいるシニアカップル、芝生の上に座り込んで本や新聞を読む人々も多くいる。風に揺れる緑のささやきと鳥たちのさえずる声だけが聞こえる、ゆったりとした静かな夏を堪能するのである。

六月は、北欧が最高になる季節だ。湿気の少

海辺の風景

ない軽い空気を、輝くような太陽の光が通り抜けていく。夏至の日までどんどん昼間が長くなり、夕焼け空が濃紺になる夜がやって来ても間もなく白み始める。夏至を過ぎると学校の夏休みが始まり、家族で旅行に出かけたり、学生たちがそれぞれ親元へ帰省したりして、コペンハーゲンのように若者の多い街はガランとした雰囲気となる。しかしその前に、デンマークには本格的な夏の到来を告げる風物詩である夏至の日を祝う祭りがある。一年中でもっとも太陽が高く、美しい夏至の日を祝う風習は、北欧に古くからあったものと伝えられている。バイキング時代のデンマークでは、火を焚いて、肉を捧げ、祝杯をあげて神を賛えたという。

ヨーロッパに古来よりあった太陽が戻ってくることを祝う冬至の祭りがキリスト教の布教に伴ってクリスマスとなったのだが、同じように、夏至の日の祭りもキリスト教の宗教行事に取り込まれて、クリスマスから半年後にあたる六月二四日を聖ヨハネの誕生日としてこの日を祝うようになった。そして、前日の二三日の晩には、ローマの風習に従って火を焚いたのである。中世にはヨーロッパの至る所でこの火が見られたというが、クリスマスを除くほかのさまざまなキリスト教の宗教的行事が人々に忘れられていったように、この晩の火もほかのヨーロッパの地域では消えていったのである。

宗教改革後、デンマークの夏至の日の祭りは「聖ハンスの日」と呼ばれるようになった。聖ハンスは、施礼者聖ヨハネのデンマーク名である。そして、この祭りは北欧の原始宗教と神話にまつわり、途絶えることなく現代まで継承されてきた。毎年六月二三日の晩には、大きな焚火がデンマーク中の水辺で灯される。上空から見たら、この火がデンマークの海岸線を浮かび上がらせ、湖沼を美しく照らし出していることだろう。水辺に火が灯る時刻になると、多くの人々が浜辺に集まってくる。そのなかには、夏至の日の唄を歌うグループもある。

夏至の日の唄

ホルガー・ドラックマン（Holger Drachmann、詩人、一八四六〜一九〇八）

私たちは祖国を愛する、季節がまわって
瞳のように輝く星をツリーに灯すとき
春に耕地や浜辺の上空の鳥が
あいさつの声をブイに向けてさえずるとき
私たちはあなたの感謝がこの道、あの道にあふれていることを歌い、
私たちはあなたの名前を花輪で飾ります、納屋が穀物に満ちているとき
しかし、もっとも美しい花輪はあなたのものとなります、聖ハンス！
これは夏の心のおかげです、温かさと、喜びに満ちた
私たちは祖国を愛する、夏至の日には特別に、

耕地の上の浮き雲が良い知らせを送るとき、
花が満開のとき、そして乳牛が手桶のなかに
もっとも豊かな贈り物を働き者の手に授ける
とき！
私たちが鋤を、鍬を、地ならしローラーを手
にしていないとき、
牛が夕飯のクローバーを食んでいるとき
子どもたちがあなたのお告げに従って踊ると
き、聖ハンス！
子馬と子羊のような、無邪気さを奪う者はい
ない

私たちは祖国を愛する、そして手には剣を持
って
怖じ気づいた敵が降参するようににらみつけ、
しかし、耕地や浜辺の上空の安らかでない魂
に向かって

聖ハンスの夜

祖先の墳墓の上のかがり火をつけよう
それぞれの地区にいる魔女とそれぞれの町にいる妖精を、
この世から焚火で追い払い
祖国に平和をもたらしたい、聖ハンス、聖ハンス！
それを成し遂げることは可能だろう、心が疑わしげに冷たくなることがないならば！

この「夏至の日の唄（Midsommervisen）」は、元は一九世紀に制作された「過去に一度（Der var en gang）」という演劇作品のなかで、祖国デンマークの美しい風土を歌う場面のために書かれたものである。詩中の魔女やいたずらな妖精を罰するというくだりは、中世のヨーロッパ各地で行われたといわれる魔女狩りの伝説に結びつくものである。今でも多くの人々が聖ハンスの前夜にまつわる出来事として魔女狩りを語るのであるが、魔女を火あぶりにしたかどうか、真偽のほどは定かでない。デンマーク中の水辺で灯されるたき火のうちには、魔女を型取った人形をたき火で焼く所もあるらしいが、女性開放運動がデンマークで大いに盛り上がった一九七〇年代以降、こうした行為に多くの婦人団体が抗議している。

夏至の日の祭りに由来する聖ハンスの日の前夜には、私は自宅付近の浜辺で焚かれるたき火を見に行くことにしている。日没間際の一〇時半ごろに遠くまで続いている海岸線沿いの浜に用意された大きな、小さなたき火に火がつけられて、それらが勢いよく燃えるのが見られる。少しばかり空が暗くなり、風が冷たくなってくると、たくさんの人々が大きなたき火を囲んで肩を寄せ合いながら火の粉の上がる様子を見つめるようになる。そのなかには、隣近所の顔見知りも遠くから訪ねてきたまったく見知らぬ人もいる。そのうちに、塩の香りのする空気のなかで焚火が真っ赤に燃える音だけがパチパチと響いて、はしゃいでいた子どもたちも、おしゃべりに夢中になっていた大人たちの声もだんだんと静まってくる。たき火の暖かさを多くの人々と分けあいながら、これから来る夏の想いに耽っているうちに深夜を迎え、そして人々は三々五々家路に就いていく。

この明るい晩を祝う日には、大規模な野外コンサートやさまざまな催しが浜辺や公園、広場で行われる。空が高く明るくても八時を過ぎると空気が冷えてきて肌寒くなるのだけれども、デンマーク人にとって緑がいっぱいの屋外で陽光を浴びて過ごすことは大切なことだから、晴れてさえいればセーターやジャケットを着てでも、椅子とテーブルを出して短い夏の長い一日を存分に楽しむのである。友人を招待して、自宅の庭での屋外パーティもあちらこちらで開かれる。太陽が沈みかけて暗くなり、そしてまた明るくなってしまうまで、ビールの注がれたコップあるいはビール瓶を片手に、語り、歌い、踊り続ける一晩となる。

ロマンチックガーデン

シェラン島のコペンハーゲンから北部は湖や沼地と森が多く、また道なりに景色のよい場所が続く「マーガレット道」や自転車道が名所や旧跡を結んでいて、多くのサイクリストに親しまれている。シェラン島の南部やコペンハーゲンに比べると北部は多少の起伏があって、小さな丘や急坂の上にたどり着くと、ふっと視界が開けて森の向こうに湖が見えたり、ウアスン海峡の向こうのスウェーデンが見えたりして、自転車で走る喜びが何倍にも膨らむのである。こうして景色を楽しみながらシェラン島北部を走っていると、背後から音もなく近づいて、マウンテンバイクで走るフーバートと私を追い越して、瞬く間のうちに遠ざかっていくトレーニング中のプロやアマチュアの自転車選手に出会うことが多い。

コペンハーゲンの中心部から北へ五キロメートルほどまで来ると、緑が急に増えてきて郊外の住宅地となる。通りの右手に立つ集合住宅群の間には海が見え隠れして、海面の輝くような明るさに心を引かれる。ウアスン海峡の岸に沿って続くストランドヴァイエン（浜通り）をさらに北へ向かうと、海水浴のできる浜辺が現れ、視界が広がる。浜通りの右手に浜辺が、そして左手に

マーガレット道の標示

は、まっすぐな並木道の奥の丘の上に小さな城が気品を湛えてたたずんでいる。小ぢんまりとしてはいるけれども、庭園の緑に映えている美しい白壁の城は、元は王室が所有していた「シャーロッテンルン城」である。その庭園は現在、市民に開放されており、美しい庭園内にある森を散歩する人々がたくさんいる。

シャーロッテンルン城と庭園は、その昔、王室の鹿狩り場に続く森であったという。庭園内に残る森の端には、海に向かって水族館がある。この水族館は、水槽にウアスン海峡の海水を引き込んで一九三〇年代に開館した。当初はデンマークの海域と河川や湖沼に生息する魚を集めただけだったのだが、現在では世界中の海水、淡水に生息する生き物がこの水族館で観られるようになった。そしてここには、四季を問わず、子どもたちや家族連れなど多くの見学者が訪れ

シャーロッテンルン城

ている。

ここ以外にも、デンマーク王室の居城や別荘、元の鹿狩り場であった森などは、今日表情豊かな庭園や公園として残され、国によって管理されている。そして、これらの多くは一般公開されていて、人々の憩いの場として利用されている。こうした王室が余暇のために築いた施設は、一六世紀以降に造られたものが多い。それ以前は、王室はスウェーデンやドイツとの戦いに備えて、コペンハーゲンとその郊外に城郭や堀ばかりを造って防備を固めることだけに力を注いでいたのである。しかし、守備が一通り整った一六世紀、一七世紀ごろには、王室は贅沢な城や別荘をデンマーク国内の各地に次々と建造したのであった。やがて民主主義による政治が発展する段階で、王室の施設は居城と別荘や迎賓館を除いてほとんどが国家の管理所有へと移行し、一般公開されるようになったのである。

シャーロッテンルン城と庭園の敷地が深い森の一部であったころは、「ギュルデンルン」という名で呼ばれていた。そして、その当時の一六六三年、デンマーク国王フレデリック三世（一六〇九〜一六七〇）はこの土地にサーカスや露店商を出すことを許可したのである。これによって、この場所にたくさんの市民が集まるようになってくると王室はこの土地に興味を示し、一六九〇年には王室の別荘として小さな城を建てている。しかし、まもなくこの城は手狭となり一七三一年に解体された。このとき、シャーロッテ・アマリエ王女（一六五〇〜一七一四）は新しい城を建てる計画を提案し、設計をデンマーク人建築家で庭園設計家のJ・C・クリーガー(Johan Cornelius Krieger：一六八三～一七五五）に依頼した。それ以降、この土地は「シャーロッテンルン」と呼ばれるようになったのである。

一八八〇年に城の改築に伴って周囲に広がる約一五ヘクタールの森が庭園として整備され、そしてこれに合わせて城の前面にあった従来の小さな庭園は造り直された。そして、緩くカーブした樹木のなかの散歩道や、小さな池とその傍らに水浴び小屋のあるロマンチックな庭園となったのである。この周囲の森に自生している樹木を生かしたイギリス式庭園は、デンマーク王室付の庭師ルドルフ・ローテ（Rudolph Rothe：一八〇二～一八七七）によって設計されたものである。

イギリス式庭園とは一八世紀にイギリスで考案された庭園様式で、庭に自然の風景を再現しようとしたものである。緩やかにカーブを描いて流れる水路、こんもりした樹木、池に浮かぶ島、そして噴水や彫刻などが有機的に配置されているのがこの庭園様式の特徴となっている。デンマークでも、自然のままの草木の形を生かしたロマンチックなイギリス式庭園が紹介されると、貴族だけでなく富裕市民も大変これを気に入って、数多くの庭園がこの様式によって造られた。そして、この時代に造られた庭園の多くが今でも残っている。

幾何学的な形態で敷地を仕切った区画に植栽していくバロック様式の庭園に代わって造られるようになったイギリス式庭園のロマンチックガーデンは、最初のころには芸術家やアマチュアの建築家によって設計されていた。そして、時を経て様式が定着してくると、「ランドスケープ・ガーデナー」という肩書きをもつ者が現れてきた。これは「風景をつくる庭師」という意味である。そのうちの一人であるルドルフ・ローテは、王室の庭園師としていくつもの大規模な計画を手掛けている。王室の夏の別荘であるフレデンスボー城の自然公園や、鹿狩り場として整備された森林である鹿公園の整備計画、あるいはベアンストーフ城やシャーロッテンルン城の庭園など、シェラン島北部にはルドルフ・ローテが土地の地形を生かして設計した、緑と水の美しい空間が多くある。

ルドルフ・ローテによって整備された森の庭園では、木もれ日に誘われるようにして小道を辿ると、ふいに豊かに広がる緑の芝と青空に出合う。そして、なだらかな丘の頂上には館があり、そこからは三六〇度の美しい風景を望むことができる。そして、芝の広がる牧歌的な広場と元より存在していた森林部が、明と暗、あるいは陽と陰の心地良い調和を見せているのである。

これらの樹木の茂る庭園は、夏の天気のよい週末であれば屋外での昼食を楽しむ人々で溢れている。秋になると、まだ緑を保っている芝生の上に赤やオレンジの枯れ葉が一枚ずつ重なりあっていく。落ち葉の間から顔を出した茸の脇を、木の実集めをするリスが忙しそうに通りすぎる。冬、雪が積もった日は、真っ白に被われた木立が凛とした美しさを見せている。ピンとはりつめた冷たい空気の中を歩いていると、人影もなく、物音も人の声も聞こえてこないのに、ふと人の気配を感じて遠くに目をやると、木立の向こうに見える丘の上にソリ遊びをする子どもたちが集まっている。真っ白な視界に濃い茶色の樹木の肌がリズム感を与える雪景色が美しい日には、ソリやスキーなど、子どもだけでなく大人まで雪遊びにやって来る。暖かい陽差しが戻ってきた春は、森も庭園も新芽と小鳥たちの美しい鳴き声が愛らしい。季節が移るにつれて庭園の表情が変わり、そのたびに訪問者の楽しみも変化する。

こうしたイギリス庭園様式のロマンチックガーデンは、その後、富裕市民の自邸など小規模な庭園でも取り入れられるようになった。水路や池などの水辺や多くの高木と低木、そして四季それぞれの花と芝を有機的に配置して風景をつくる手法は、一九世紀にはデンマークの公共空間を計画する際の原形にまでなっていた。そしてこれは、コペンハーゲンにある美術と建築・デザインの高等教育機関である「王立芸術アカデミー」の風景の設計を研究するランドスケープデザインの教室を通して現代の建築家にまで受け継がれている。今日、デンマーク各地で建設されている集合住宅群や公共設備周辺計画にも、一九世紀に考案された庭園計画の基本が生きている。庭園内には水路が巡り、たくさんの水鳥が水辺で戯れる様子はただただ穏やかで平和を感じる。そして、樹木を植栽し、水辺を設けてたくさんの鳥を招き、そこで小さな自然と接することがとても豊かなものであることをデンマークの人々は知っているのである。

近年は環境への意識の高まりにともなって、一九六〇年代、一九七〇年代の機能的で幾何学的な配置計画に代わって自然にある風景を模倣した有機的な計画が復活し、古典的ともいえるロマンチックスタイルが見直されつつある。もちろん、これら最近の計画には環境に負荷の少ない施設造りを目指して、新しい技術を駆使した浄水機能などの設備が導入されていることも見逃せない。

庭園や公園は、元来存在した自然を改造するというヨーロッパ的な考えにもとづいて人工的に造られたものである。しかし、改造から数百年を経た現在、樹木は太陽に向かって枝を伸ばし、クロッカスやヒアシンス、アネモネは春の訪れとともに顔を出し、庭園や公園の姿は人の手によってではなく自然のままに変化をし続け、大自然の一部に戻りつつある。この様相には、自然のもつ計り知れない大きさを感じさせられる。

一〇〇歳を迎えた野外博物館

ロマンチックなシャーロッテンルン城庭園からシェラン島をさらに北に向かう自転車の旅人は、マーガレット道の表示のある浜通りか、もしくは浜通りに平行した自転車道を、たくさんのヨットや漁船の停泊している港がいくつもある海岸を眺めながら走るのがもっとも一般的になっている。しかし、もちろん内陸の森や畑の間を縫ってシェラン島の北岸に出ることもできる。フーバートと私は、内陸の緑の風景の心地良い道をつないで北へ向かい、帰り道は東へ折れて浜通りか自転車道を南下することが多い。シャーロッテンルンからは、広大な鹿公園の中を走り抜けてその日の目的地に向かうのが私たちのルートになっている。

鹿公園は、王室が鹿狩りをするために開拓した森である。一六六九年にフレデリック三世（一六〇九～一六七〇）が現在の鹿公園の中央部に最初の鹿狩り場を設けた。そして、クリスチャン五世（一六四六～一六九九）は、一六七〇年に即位するとすぐにこの鹿狩り場は狭すぎるとしてそれを広げ、北部のイエアスボーハインと呼ばれる森もその敷地とした。森の中にあった集落のストックロップも敷地内に指定され、住民は近隣へ引っ越して土地を鹿公園に提供したのである。元は畑であった小高い丘の上には、狩りを楽しむ期間に住まう王室の別荘としてエレミタージュ城が一七三六年に建設されている。この建物は当時のまま現在も残されており、王室が国賓を向かえたときなどに昼食をとる場所として利用することがある。一九九八年にデンマークを訪問した日本の天皇皇后両陛下も、エレミタージュ城での昼食に招かれている。

その昔、鹿公園には一般人の立ち入りは許可されていなかったが、一七五六年に一般公開されるようになった。それ以来、コペンハーゲン近郊の憩いの森となっている。イエアスボーハインの森が一八三二年に鹿公園の敷地外と定められたため、現在の鹿公園は約一〇〇〇ヘクタールで、そこに約二〇〇〇頭の鹿が棲んでいる。この場所にあった森には元から数多くの鹿が棲んでいたのであるが、そこに、すでに一三世紀から棲息している中東原産の鹿や一九二三年に日本から送られてきた日本鹿もいる。現在は国家の所有地となっていて、環境・エネルギー省の森林・自然局が管理している。

鹿公園の舗装されていない道を自転車で走っていると、草を噛んでいたり、寝そべっていたりする鹿の群が遠くの草原に、あるいは近くの森の中に見える。道端で立派な大きな角を立ててこちらを見つめている鹿に出会うこともある。自転車で走り去る私たちを見て、「変わった奴がいるな」とでも鹿が言っているような気がしてくる。

鹿公園南部の一画には競馬場があり、その隣の丘の上には、一七〇〇年代後半に開園した、ジェットコースターや芝居小屋、レストランなどの集まった「バッケン」という遊園地がある。「バッケン（bakken）」とは「丘」という意味である。入場料をとるコペンハーゲンのチボリと異なってバッケンへの入園は無料で、大衆的な気軽さをバッケン特有の雰囲気だというデンマーク人も多い。毎年四月から一〇月までのバッケンの開園期間には、コペンハーゲン周辺からだけでなくシェラン島全域から、あるいはデ

イエアスボーハインの入り口

ンマーク全国からバッケンの賑やかさと鹿公園の自然の穏やかさを楽しむために多くの人々が訪れている。

鹿公園とイエアスボーハインの森の境には、ムールオーという小川が流れている。ムールオーは、コペンハーゲンから一五キロメートルほど北西にあるバストロップ湖とフアスゥ湖、リュンビュ湖が水源で、ラウネホルムとイエアスボーハインの森を通ってウアスン海峡に流れ込んでいる。

ムールオー沿いには歩道と自転車道があって、水の流れをたどりながら森のなかを抜けていくことができる。私はイエアスボーハインからデパートやショッピングセンターのあるリュンビュの街まで出るときは、森のなかの崖の下を流れるムールオーに沿った自転車道を走ることに

鹿公園内バッケン付近で

している。このルートだと、水辺の木陰を心地良く走ることができるからだ。

リュンビュに向かう途中の右手にある高台には、一九九七年三月二二日に一〇〇歳を迎えた野外博物館（フリランズムゼー／Frilandsmuseet）がある。デンマークでは失われつつある農村風景を後世に残すという目的で農村の家屋と調度品を保存し、展示するこの博物館のアイデアを実現させたのはバーンハード・オールセン（Bernhard Olsen：一八三六〜一九二二）である。

設計家、舞台美術家であり、チボリの園長であったオールセンが野外博物館のヒントを得たのは、一八七九年にコペンハーゲンで開催された大規模な工芸展にかかわったときだった。彼は、一八八五年に建築博物館にあった古い農家の家屋を民族博物館へ移築して展示するつもりでいたが、この計画は果たすことができなかった。その後、この旧農家の展示計画の実現に向けて、オールセンはより多くの時間を費やすことになった。そして、一八九七年に、二つの農家の家屋だけであったが、現在の国立博物館であるデンマーク民族博物館の一部として野外博物館の開館に至ったのである。

しかし、民族博物館はその当時コペンハーゲンの中心にあるローゼンボー王宮庭園内にあって、しかも野外博物館はその敷地内に仮住まいをしていたため、すぐにでも新しい場所へ移らなければならないという状況であった。オールセンは野外博物館の開館後すぐに移転先を探し始めることとなったのだが、幸いにして、民族博物館の関係者が絶好の場所を探し当ててくれた。

それは、コペンハーゲンの北に位置するリュンビュ地域であった。そこは、都市化の波によって農地から住宅地への転用が急速に進んでいると農業博物館や農業学校が指摘し、緑の地帯を残すため農地の存続を希望していた地域であった。一九〇〇年の夏に、王宮庭園内にあった二つの農家の家屋と、ほかの場所からも二つの建築物がリュンビュの一画へ移築され、翌年の一九〇一年六月、野外博物館は新しい場所で再オープンとなった。

現在、この野外博物館の三五ヘクタールの土地に、デンマーク各地から、そして隣国のスウェーデンから、一六世紀から一九世紀の間に建てられた五〇戸余りの農家の家屋と、当時使用されていた道具や家具、調度品が展示されている。

デンマークの国土はユトランド半島と大小の島で構成されており、今日のように交通手段が発達していなかった中世では、海を挟んで離れた地域同士の交流が図られていなかったため、それぞれの島々における農家の建築様式が少しずつ異なっていた。それだけに、萱葺き屋根の家屋や各部屋の内装などの違いを見て歩くだけでも、とても興味深い発見がたくさんある。また、小さな萱葺き屋根の住居には、土間に設置されたキッチンやその傍には大家族が集まって食事をする場所などがあって、遠く離れた日本の農家の家屋と類似しているのに少しばかり驚いたりもする。豪農の大きな家であれば、天井が高く床は板張りとなっており、そして驚くことに住居内に馬小屋がある。これは、畑を耕したり荷物を運搬したりする大切な家畜が、寒い冬に凍えないようにという気遣いだそうだ。

このほか、農家の暮らし振りを再現してみせる展示もある。かつて、農閑期における女性の仕事であったレース編みや機織りなどもその展示の一つである。電気のない時代に暗い室内での作業をするためにガラス玉を天井からつるして、細かいレースを編む手元を明るくする工夫など、当時の作業状況なども分かりやすく展示されている。展示だけでなく、木工や手芸、機織り、毛糸つむぎ、籠づくりなど、また昔の手法によるバターやライ麦パンづくりの実演、そしてフォークダンスなども催されており、野外博物館の農家を訪ねて歩くことで昔の農村の様子がうかがい知れるようになっている。

家屋だけでなく、敷地内には農地もあって実際に耕作も行われている。農地は農業学校で管理されており、麦やジャガイモなどが栽培され、羊や牛が放牧されている。青空の広がる下で、あぜ道の傍や所々にあるピクニック広場では人々が三々五々お弁当を広げている。まるで、どこかにある田舎の風景のようである。

午前一〇時の開館とともに入場しても、半分ほどを見学したところで夕暮れがやって来てしまうほど野外博物館の展示は興味深く、敷地は広い。緑の麦畑の向こう側に低く見えているイエアスボーハインの森にオレンジ色の大きな夕陽が沈みかかってきたら、家路に就く時刻である。こうして日の入りとともに終わる一日を、一〇〇年間も野外博物館は過ごしてきたのである。

緑のある暮らし

野外博物館のあるリュンビュは、「王のリュンビュ」と呼ばれている。ムールオー岸には一七〇五年に建造されたソーンフリ城とイギリス様式の庭園がある。ここは現在も王室が所有しているが、庭園は一般に開放されている。庭園は丘の上の起伏のある地形が変化のある風景をつくっていて、芝と樹木の緑が映える夏にはとくに美しさを増している。

デンマークの人々は、庭園や公園、森のなかを樹木や植物、あるいは動物を見ながら散策するのが好きである。それがゆえか、郊外の一戸建に住むことになれば、庭の手入れをするのが楽しい仕事となる。

デンマークには、「コロニー・ヘーヴェ」と呼ばれている分譲庭園がある。これは、日本ではドイツ語の「クライン・ガルテン」という名前で知られているような、自宅に庭をもつことができない都市部の集合住宅に住んでいる人々が、花木を育てたり、野菜をつくったり、庭づくりを楽しむことのできるように区画された敷地である。首都のコペンハーゲン近郊や集合住宅の多い都市には、必ずと言っていいほどコロニー・ヘーヴェがある。

コロニー・ヘーヴェの歴史を辿ると、産業革命期にさかのぼる。デンマークではこの時期に、著しく人口が集中した都市部にたくさんの集合住宅が建設され、多くの人々がそこに住むようになった。しかし、農村から都市へ仕事を求めてやって来た人々は、庭のない集合住宅に移り住むことになったため土に触れることを懐かしく思うのであった。そこで、一八八四年に工業都市のオールボー・コムーネは、庭をもたない住民に対してコムーネの所有地を庭づくりのために貸し出すことにしたのである。これが、デンマーク最初のコロニー・ヘーヴェとなった。このアイデアはその後全国に広がり、ちょうど一九〇〇年ごろにイギリスの都市部で盛んであった庭づくりの影響もあって、第一次世界大戦が始まるまでの一〇年ぐらいの間にコロニー・ヘーヴェは大ブームとなった。

デンマークの隣国であるスウェーデンでは、第一次世界大戦中に食料の不足したストックホルムで、ジャガイモなどの食物を住民が自ら栽培するためにコロニー・ヘーヴェがつくられたという。当時のストックホルムのコロニー・ヘーヴェの様子は、野外博物館のスカンセンに残されている。

しかし、デンマークのコロニー・ヘーヴェは、花や庭木を楽しむ趣味の庭園であった。一〇〇年を経た現在では、コロニー・ヘーヴェの借用期間が一〇年あるいは二五年を過ぎると、借用者にその区画が譲渡されている。コロニー・ヘーヴェの区画のそれぞれには、庭を手入れするための道具を収納する納屋を兼ねた小さな家が庭の隅に建てられている。借り主の自由な発想によって造られた小屋は、アラビアのモスク風であったり、小さな城であったりと、風変わりな楽しい形態が施されていることもある。小屋は狭いながらも屋内にティーテーブルと椅子を置いて、庭の手入れの合間に美しく咲き誇る、あるいはたわわに実った野菜や果実を窓越しに眺めながら一服できるようになっている。自ら手をかけた草木を眺めながらのビールの味は格別だろう。

　街中が雪と氷に覆われる冬の間は庭仕事は休みとなるが、暖かい日差しが戻ってくる三月下旬から四月上旬のイースター休暇のころには、いそいそと庭に足を運び、それぞれが手入れを始める。日が長くなり始めると、ウィークデーでも仕事を終えた後に熱心に庭仕事に励み、夕食を庭の小屋でとるという人々も多い。「今の季節はすることがたくさんあって大変だよ！」と言ってはみるものの、みんな満面の笑顔である。

　コロニー・ヘーヴェは、都市に住む人々に草木を育てる場所と機会を提供しているだけでなく、都市部により多くの緑をもたらしている。コロニー・ヘーヴェがつくられた当時、その位置する地域は都市の郊外にあってもともと畑や牧草などの緑に溢れていた場所であった。しかしそこは、拡大した都市に取り込まれるがごとくのように住宅地に変貌してしまい、さまざまな草木や野菜と果実で溢れるコロニー・ヘーヴェはそのなかにあって緑のオアシスの役目を担っている。歴史を経た愛らしい小屋と、念入りに手入れされた庭の一つ一つを訪ねて歩くのも、また楽しい。

　鹿公園から続いているイエアスボーハインの森の西を通る小道を走ると、急坂を上りつめて森が開けた所に楕円形の生け垣がいくつも並んでいるのが見える。この楕円形の生け垣は、ランドスケープ・アーキテクトのＣ・Ｔ・サーンセン(1)によって設計されたコロニー・ヘーヴェである。東側は森、西側は大空が広がっている長閑で穏やかな雰囲気の丘の上にあって、生け垣の内側の庭にいても外側の大きな自然を体験できる。長軸が約二五メートルで短軸が約一五メートルの楕円形の生け垣に囲まれた庭は四〇個あって、それらは地形の起伏に従って配置されているため、敷地の外から見ると高くなったり低くなったりする視覚的な変化が風景全体に感じられる。

楕円形の内側は利用者の思いのままの庭がつくられているが、同じ楕円形の生け垣が敷地全体に統一感を与えていて、それ自体が一つの庭園のようにも見える。急坂を上って息を切らしながらイエアスボーハインの森のなかから突然現れた私たちに庭仕事の手を止めて手を振る人々もいて、そのときは青空を一緒に楽しんでいるような気持ちにもなる。緑を育み、土に触れながら暮らすことは、都市生活者の小さな贅沢である。

イエアスボーハインの西部は深い森になっていて、この辺りを歩いている人影はない。その代わりに、鹿が通りかかることがある。落ち葉でいっぱいの小道はいつも湿っていて、森の北西にある門にたどり着いたころには自転車も私たちも泥だらけになってしまう。門の外には自転車と歩行者の専用道路が通っていて、これを西に向かうとネアウムという中世からある古い街に出る。東に向かうと、リンゴ畑を横切り森のなかを抜けて、小さな漁港のあるヴェドベックに出る。泥だらけの私たちは進路を東にとり、ヴェドベックに向かう。

この自転車・歩行者専用道路は「グリススティ」と呼ばれていて、地元の人々がサイクリングやジョギング、ローラースケート、そして散歩に利用している。ときおり、歩くスキーであるノルディックの練習をしている人もいる。グリススティは、一九〇〇年代初頭に路面電車が走っていた線路の跡である。「グリス」とはデンマーク語で「豚」のことで、デンマーク人は路面電車を総じて「グリスベーン」という愛称で呼んでいる。ネアウムからヴェドベックまでの三・七キロメートルを走っていた路面電車が廃止された後、その線路を取り払って自転車と歩行者の専用道路となったのである。そして、グリスベーンの跡の小道（スティ）なので「グリススティ」と名づけられた。

　グリススティに沿うようにして、キックヘナーンという小川がヴェドベックまで流れている。ネアウムの西側のスレロドの丘に水源があるというキックヘナーン川は、ヴェドベックでウアスン海峡に流れ込んでいる。キックヘナーン川流域は、一九九〇年代半ばに生態系を保つビオトープの技法で改修工事が行われて、小川のせせらぎと魚や小動物が戻りつつある。水の流れは澄んでいて、工事が終了したときにはマスを放流したというので、戻ってきたマスを見るのを私たちは楽しみにしている。

グリススティ

（1）（Carl Theodor Sørensen：一八九三～一九七九）王立アカデミー、ランドスケープ科の教授を務めた。

グリスステイはリンゴ畑や森のなかを抜けていく。道の両側から背の高い樹木が長く伸ばした枝が道の上で重なり合っていて、夏の陽射しの強い日には木陰をつくり、冬の風の強い日には風避けとなるトンネルをつくっている。リンゴ畑とキックヘナーンの小川の谷を見下ろし、その向こうの丘の上に位置するトロロッドの森の深い緑を見渡すことのできる地点には、木のベンチが一つ置いてある。天気のよい日には、自転車でやって来た老夫婦がベンチに腰をかけて景色を眺めながらサンドイッチを食べている。ここで私たちはこの老夫婦に何度も出会ったが、いつも笑顔で、しかし風景に眺め入っているのか、静かに黙ったままでベンチに腰をかけている。

グリスステイの樹木のトンネルを自転車で走っていると、犬の散歩中の男性、乳母車を押したお母さん、ジョギング中の夫婦、ローラースケートの女の子たち、そして、私たちと同じように自転車で移動中の人々、そして犬や猫、キツネやトンビに出会う。人々は笑顔で「ハイ（やあ）」、「ダウ（こんにちわ）」と短いあいさつを交す。これにはデンマーク人のフーバートさえ、「緑のなかを走っていると出会った人々がみんな笑顔であいさつをするのだけれど、美しい風景を見てリラックスしているからだろうか」と、不思議がるほどである。草木が繁った心地良い空間で出会う人々とはその場所を共有する連体感があって、それが理由でお互いにあいさつをするように私には思える。笑顔で出会った人々の優しい目が、「ここはとても気持ちのよい所よね」とか「今日の森は特別美しいわね」と言っているように感じる。

丘の上を通るグリスステイが急坂を下ると、終点のヴェドベックの街である。一八〇〇年代に開かれた漁港を中心に形づくられたヴェドベックの街は、一九〇〇年代初頭に景色のよい海外沿いに大きな邸宅が建てられるようになってからは住宅地へと移行した。コペンハーゲンとシェラン島北岸のヘルシンガーの街をつなぐデンマーク国鉄の線路が開通し、ウアスン海峡沿いに邸宅をもつ人々の足として列車が運行し始めると、ヴェドベックにも駅が設けられた。しかし、線路より海側の住宅開発が進んだのに対して内陸側は沼地が広がっているため開発が及ばず、現在でもヴェドベックは日用品などの店舗が駅前に数店舗あるだけの小さなベッドタウンである。

ヴェドベックの街の位置している所は、石器時代にはウアスン海峡が流れ込むフィヨルドであった。現在の沼地はフィヨルドの名残で、その広大な沼地のはずれの線路際にグリスステイは下りていくのである。そして、デンマーク・ナショナルチームが練習をするヴェドベック・サッカー場も沼地の外れにある。ナショナルチームは、試合前には海岸通りにある「ホテル・マリーナ」に泊まってここで練習をする。このときには、大人も子どもも集まってきて、一流選手の練習に見入るのである。

サッカーはデンマークでもっとも盛んなスポーツで、プロの「スーパー・リーグ」の試合はテレビ放送されるし、スポーツニュースでも一番に紹介されるのは常にサッカーである。ラウドロップ兄弟やピーター・シュマイケルという、世界の第一線で活躍するような選手も生み出している。彼らがナショナルチームで活躍した一九九〇年代はデンマークサッカーの黄金期で、一九九二年のヨーロッパ大会ではデンマークチームが優勝した。

ナショナルチームの試合は必ずテレビ放送があり、デンマーク人の、とくに男性であれば友達同士で集まってテレビでサッカー観戦となる。これはほとんど国家行事とも思われるほどのもので、ナショナルチームの試合のある時間帯には通りを走る車もなく、商店街にも人影が少なくなり、ほとんどの人が屋内でテレビにかじりついているのである。カフェやバーではサッカーの試合を観せる所もあって、大勢のデンマーク人男性がビールを飲みながら喜んで叫んだり、ため息をついたりしている。二〇〇二年の日本と韓国で行われたワールド・カップでは、デンマークチームの活躍を期待して、全国の人々が生中継される試合を自宅や職場、学校などで観戦し、感激を分かち合った。

ヴェドベック・サッカー場は、アマチュアの「ヴェドベック・サッカークラブ」がホームグランドとして練習と試合に利用している。サッカーが盛んなデンマークでは各地にアマチュアのサッカークラブがあり、プロのリーグの下に第一、第二、第三リーグがある。個々のサッカークラブは第一リーグに属していて、ホームグランドで試合があると近隣から多くのファンが観戦に集まってくる。

成人男子のチームのほかにも、女子チーム、少年、そして児童のチームもある。子どもたちの練習は、芝が敷いてある試合用のグランドではなく土のグランドで行われる。ここには土の練習用グランドが二つあるのだが、雨の次の日の練習は要注意である。元は沼地であったために水はけが悪いのだ。ここは、石器時代にはウアスン海峡が流れ込むフィヨルドで人々が狩りや魚釣りをしながら住んでいた所である。今日よりも穏やかな気候であった当時、森に近く、沼地があり、フィヨルドに面したこの地域は、動物を狩り、魚を採って暮らすには最適の場所であった。

一八〇〇年代後半から始められた考古学調査では、ヴェドベックの狩猟の民は、紀元前約五五〇〇年から四〇〇〇年の狩猟時代後期にあたるといわれている。A・アウンホルトというヴェドベックに住んでいた庭師は、アマチュア考古学研究家として、この地域に二〇ヵ所以上の石器時代人の住居跡を発見している。一九二四年にアウンホルトは、デンマークの国立博物館に依頼されて、現在のヴェドベック駅に隣接するブゥエバッケンという丘で住居跡の発掘調査に参加したほか、一九四四年から一九四五年にかけては現在のヴェドベック・サッカー場の建設に先駆けた発掘調査にも参加し、ここからも住居跡を発見した。

時代を下って一九七五年には、ブゥエバッケンにフォルクスコーレ[2]が建設されることになり、この地区の再調査が行われた。このときには、良好な状態で保存されていた二二体の白骨や道具などが発見されている。そこには墓があったと考えられ、それら墓の部分では黄土が赤く着色されて、遺体は装身具をまとい、槍などの武器や狩猟の戦利品としての大きな鹿の角が供えられていたという。

（2）公立の初等・中等教育機関。日本の小学校および中学校にあたる九年間の義務教育を行う。一年生入学前の幼稚園クラスや九年生卒業後の一〇年生クラスを設けているところもある。詳しくは、清水満著『生のための学校』（新評論、一九九六年）を参照。

一九七五年から一九八三年にかけての発掘調査によって発見された品々は、ヴェドベックの管轄となるスレロド・コムーネの博物館に展示されている。考古学者だけでなく、人類学者や歯医者、動物学者、植物学者、そして地質学者のそれぞれの知識がもちよられて形づくられた展示によって、約七〇〇〇年前のデンマークの東海岸における人々の暮らしと文化を知ることができる。

ヴェドベック・サッカー場から見ると、古代のフィヨルドの対岸にあたる丘には「フリントの畑」という名前の集合住宅群が立っている。集合住宅群の建設前に行われた調査では、ここにも狩猟時代の人々の住居跡があり、先の尖ったフリント・ストーンでつくった狩猟時代の人々の石槍や火付け石が数多く発見された。

フリントの畑から線路沿いの自転車道を五分ほど北に向かって走ると、小さな丘を二つ越えた所で、緑の草原に大きな木が一本だけ立っている高台に出る。三六〇度大きな空が広がっているこの場所の西側はフォールヘーヴェの森になっていて、その森の片隅に「狩りの家」という意味の「イエアフス」という小さな古い家がある。昔は、森で鹿や狐、あるいはキジなどを獲物として狩りをした人がこの家に住んでいたのかもしれない。森の上空では、ときどき鷹が悠々と青空に大きな翼を広げて飛んでいたりする。

大きな木の周囲に広がる草原は、驚くほど一面が石だらけで、しかも一つ一つの石がそれぞれ特徴のある形をしている。槍の先のように尖ったものや、魚を採るモリのようなものもある。そこで、地面の石を見ながら歩いているフーバートと私に、ふと「たくさんフリント・ストーンが見つかるわよ！」と、遠くから話しかける声が聞こえた。イエアフスまでの一本道を行く御婦人である。彼女は立ち止まって、私たちにフリント・ストーンの見分け方を教えてくれた。

考古学者によると、火付け石は握りやすいように割ってあるので、親指と人さし指を当てる面とほかの指で握る部分があり、人間工学の観点から見てもその形が握って火を付けるのに合致しているという。彼女が「たとえば、ほらこれもそうよ」と拾い上げた石は、尖った先端が欠けているものの、なるほど手のなかにピッタリと収まる。彼女は、その石には明らかに人工的に削った跡が見られるといい、典型的な火付け石の特徴があると説明する。

小川の流れる森の外側に広がる草原の丘に、狩猟をしながら七〇〇〇年前の人々が暮らしていたのである。私たちがはるか昔の古代に空想を巡らせて言葉もなく地面の石を見つめていると、「すごく簡単に見つかるから、楽しんでね」と彼女はいって、イエアフスに向かって一本道をまた歩き始めた。彼女はイエアフスの持ち主であった。

私たちの見つけたフリントストーン（先端が欠けている）

デンマークの森

近年は地球温暖化の影響を受けて雪も少ないし、氷の張る日も少なくなって冬が過ごしやすくなったとよく聞く。それでも一一月から三月の間には、一日中気温が零度を上回らない日が必ず数日はある。厳しい寒さの日には、さすがのデンマーク人も自転車に乗るのを控える人々が多い。気温が零下になると予報されるときは、自動車道と自転車道に各コムーネが氷結防止剤をまいている。しかし、これは実のところ塩なので、自転車にとっては錆の原因になるし、氷結防止材をまいてない所は路面が凍りついていて滑るため、自転車に乗るのはあまり楽しいものではない。

そこで、寒い零下の日には、フーバートと私は森のなかの舗装されていない道路や小道を走ることが多い。気温が零下になると地面が凍り付いて固くなり、そして乾いているので、一般の舗装された道路や自転車道を走るよりは走りやすいのである。そして、森のなかの方が暖かいのである。これはきっと、枝を触れ合うようにして立っている背の高い樹木が、暖かい空気を森のなかに包み込んでいるからだろうと私は想像している。そのことを証明するようにフーバートは、「マウンテンバイク野郎たちが森のなかの方が一般道を走るより暖かいって自転車屋で話していたよ」と言う。どうやら、数多くのサイクリストがそのことを体験しているらしい。

シェラン島北部は森が多い。これはデンマーク全国の地図で見ると明らかで、緑色の部分の割合がほかの地域に比較すると非常に大きい。コペンハーゲン近郊の鹿公園とイエアスボーハインの森や、さらに郊外にはギール、ルード、スレロド、フォールヘーヴェの森をはじめ、元は王室の森として、現在は国家の森として管理されている敷地が多いのである。これら森のなかには沼や湖があって、水と緑の調和した美しい風景に出合える。

森は一般に開かれていて、散策やジョギング、乗馬の練習などに数多くの人々が利用しており、憩いの場所となっている。そして、自然の姿が四季の移り代わりにつれて変化するのを楽しむために森を訪れる人々もたくさんいる。

白や黄色のアネモネが地面いっぱいに花を開かせると、森に春がやって来る。夏には、緑の葉と色とりどりの野草が太陽の光と戯れて、生命の力がみなぎっているようだ。秋には、紅葉した美しさを見せる樹木の根元に、さまざまな種類のキノコがあちらこちらで地面から頭を出している。キノコ狩りにやって来る人も多い。枯れ葉が落ちるのと同時にやって来る冬には森のなかは静まって、はるか遠くで鹿が樹木の間を通り抜けて枝を揺らした音さえ聞こえるほどである。

森のなかの道は許可車以外の車は乗り入れ禁止となっているが、自転車には開放されている。散歩代わりにのんびりと自転車をこいでいる夫婦連れや、小さな子どもに自転車の乗り方を教えている家族連れなどの方が、猛スピードで走り抜けていくマウンテンバイク野郎たちよりも多い。たき火はもちろん禁止だが、限定した所にだけテントを張ることを許可している森もある。

コペンハーゲンの集合住宅に住んでいる子どもたちは、幼稚園や学校の環境教室として貸切バスで森にやって来て、自然をテーマにして算数や国語の授業をすることもある。また、「森の幼稚園」という幼児施設もあって、母親のいない所での集団行動と体力づくりを目的に、森の近くで集合して三歳から五歳までの幼児が幼稚園の先生と手をつないで森のなかを二、三時間歩くのである。

森のなかには、子どもだけでなく若者もいる。ある週末に、ギールの森をフーバートと私が自転車でいつものように走っていると、森の奥深くにある丘を下りた所で、突然、剣を振りかざしたバイキングが私たちの目の前に現れたのである。あまりにも突然なので私たちは彼らと言葉も交さず一目散に走り去ったのであるが、彼らも突然飛び出してきた自転車に驚いた表情であった。後日また、彼らの姿をギールの森の同じ場所で彼らを見かけたのだが、「バイキング

アネモネが咲くと森に春が来る

ごっこ」でもしているかのようであった。

しばらくして、電車のなかでバイキングの衣装を着けたままの彼らを見かけた。彼らはコペンハーゲンに住む若者で、手づくりのバイキングのような衣装と装具を着けて、森のなかで中世の生活を体験するグループであることが分かった。森には、いろいろな利用の仕方があるものだ。

ところで、約四万三〇九三平方キロメートルあるデンマークの国土のうち森林の占める割合は一二パーセントにすぎず、デンマーク政府は一九八九年から森林面積の拡大を進めている。これは、地下水の汚染を抑制する事業としても注目されている。森林や耕作地の地下では養分の流出が非常に少なく、これによって窒素の地下水への染み出しが抑えられていることを示す調査結果を踏まえたものである。もちろん、大気中の二酸化炭素量の低下や、景観や余暇活動への利用においても森林の果たす役割はとても大きく、これらを考慮してデンマーク政府は森林面積の拡大を図っているのである。

デンマーク政府の掲げている目標は、一九八九年以降、八〇年から一〇〇年後までに森林面積を倍にするというもので、これが達成されると九〇万ヘクタールになるという。これを年平

森での活動を示す標示

均にすると年間に五〇〇〇ヘクタールずつの増加になるのだが、一九九〇年代は平均で年間二〇〇〇ヘクタール増にすぎなかった。そこで、一九九七年から植林事業に対する補助制度を設けたところ、私有林の面積が大幅に増加した。また、水環境への新しい計画が導入され、地下水の汚染を軽減するために一九九八年から二〇〇三年までに二万ヘクタールの新しい森林を築くことになっている。こうした政府の計画が功を奏して、一九九九年には森林面積が五〇〇〇ヘクタールも拡大している。

全国にある森林を木の種別ごとに見ると、松やモミなどの針葉樹林が五五・八パーセントでもっとも多く、次にブナ林で一四・七パーセント、ナラやニレなどの広葉樹林は一一・七パーセント、そのほかの一七・六パーセントは野生の混合林である。この統計から分かる通り、デンマークにある森林のほとんどは植林によってつくられたものである。

デンマークの大規模な植林事業は、一七八七年に行われた、ユトランド半島の三分の一を占めていた二〇〇〇ヘクタールの荒野を森林にする事業が最初のものである。その後、全土で植林事業が進められるようになったのである。砂地が広がっていたシェラン島北部の海岸線沿いでは一七九二年から植林の可能性を探る調査が行われ、一八〇〇年に植林が開始されている。この土地での植林に選ばれた木種は、砂地を埋め立てた土地でも比較的よく育つ「欧州アカマツ」と「白樺」であった。また、デンマークでもっとも広範囲の砂地が広がるユトランド半島西海岸でも一八〇〇年ごろから調査が開始されている。試行錯誤の結果、大西洋から吹き付ける風が強く、冬には氷と雪に覆われる厳しい気候である上、養分に乏しい土壌であるという難しい条件下でも育つマツやモミなどの針葉樹がその土地に植林された。

今日、デンマーク人が美しいとして親しんでいるブナやナラの森は、一八世紀後半の大規模な植林事業よりもやや古く、一七世紀中・後期に植林されものがほとんどである。当時、コペンハーゲン地方の森林管理区ではブナの自然繁殖を研究しており、針葉樹に適したこの地域にあえてブナを植林することを推し進めたのである。スキやマグワといった簡単な道具しかない時代に、この地域の石灰分の多い土壌を中和しながらの事業は困難をきわめたという。しかし、この事業はとうとう完遂し、この試みは広葉樹に適していない土地でブナの森をつくる先例となったのである。デンマークを代表する景観の一つである樹齢一〇〇年を超えるブナの森は、こうした努力によってつくられたものである。

一方、デンマークの土壌に適したナラの植林事業も試験的に行われていた。一八九〇年から進められたナラの植林はやがて成功を収め、その後はデンマーク全土でナラが植林されるようになった。当時の植林事業は製材への利用を目的として進められていたのであるが、針葉樹が五〇年から八〇年で生育するに対し、ナラは一二〇年から一五〇年、ブナは一〇〇年から一二〇年の長い年月を必要とするので、製材用としての植林事業においては生産性が落ちるのは明らかである。しかし、平坦な土地を吹き抜ける風の強いデンマークでは、針葉樹だけを植林した森では樹木が強風に倒されるという被害が発生しやすく、この被害を防ぐために広葉樹林が必要であったのだ。

そこで、あえて生産性の低いナラやブナの植林事業が今日まで引き継がれ、行われてきたのである。

一九九九年一二月三日にデンマークを襲った気象観測史上最大級の嵐は、針葉樹を守る広葉樹までもなぎ倒し、デンマークの森林に大きな打撃を与えた。最大瞬間風速が四〇メートルを超えた嵐が、この日、デンマーク全土を通過したのである。海岸沿いには高波が襲い、堤防が決壊して洪水となり、多くの住宅が浸水した。また、多くの地域で屋根の瓦や商店の看板が吹き飛んだり、あるいは倒れた樹木が電線を切断して電気が通じなくなるなど、全土に深刻な被害がもたらされた。森林の被害も大きく、全国で約三〇〇万立法メートルの針葉樹と約四〇万立法メートルの広葉樹が強風によって倒れたのである。この量は、三年分の伐採に相当するという。また、嵐は大西洋側から吹き付けたため、ユトランド半島南部の被害はとくに大きく、森林のうち約一万五〇〇〇ヘクタールではすべての樹木が倒されてしまったのである。

嵐が過ぎ去った後の穏やかな晴天の日に、久しぶりに森のなかへ自転車を走らせに行ったフーバートと私は、至る所で大木が根こそぎ倒れている風景を目のあたりにして驚くばかりであった。いつも通る小道は、直径が一メートルを超すような大木が倒れて何ヵ所も塞がれていて、大木の上を自転車を持ち上げて通ったり、まったく通り過ぎることができずに引き返したりもした。いつも森はみずみずしい新鮮な空気で私たちの心を満たしてくれるのに、嵐の直後は傷だらけで、生き残った樹木は悲しそうに泣いているような気がするほどであった。

私たちが見た倒れていた樹木というのは、そのほとんどが背の高い針葉樹であった。環境・エネルギー省の行った被害調査では、広葉樹と針葉樹の混合樹林では倒れた針葉樹の数が少ないことが明らかとなった。そこで環境・エネルギー省は、針葉樹林では、野生の森のように広葉樹を混合して植林することが必要であることを強調している。

また、とくに被害の大きかった地域では、大規模な森林の復興作業を進めるために、デンマークの森に生息する鹿から新しい樹木を守る配慮もされている。たとえば、植林から三ヵ月以内は新しい植林地帯を柵で囲んだり、鹿が樹木を食べないように鹿の嫌いな味を樹木に噴霧するなどして、新しい樹木の育成を図っているのである。環境・エネルギー省は、この嵐によって倒れた樹木の処理には約一年半、そして被害を穴埋めするのに値する量の植林には約五年かかると見ている。

デンマークの大地に潤いをもたらす森林を保護する法律は、一八〇五年、当時の国王クリスチャン七世（一七四九～一八〇八年）によって施行されたものが最初である。このころは、ヨーロッパ中がナポレオン戦争の影響で造船、建設、燃料用の木材価格が高騰し、デンマークでもたくさんの木材が切り出されて森林が国土の四パーセントにまで激減してしまったのである。そこで、森林法によって樹木を伐採した土地には、その五年以内に植林を行うことを徹底させる一方で、保有林を区画する柵を設けることなどを定めたのである。この森林法は激減した森林資源の復興を図るために一時的に発令されたものであったのだが、事実上は一九三五年に近代の森林法が制定されるまでの一三〇年間、デンマークの森林法として効力を発していた。

　現在のデンマークの森林は、環境・エネルギー省内の森林・自然局の指導の下に、日本の県に相当する自治体のアムトが設置している森林管理事務所によって厳しく管理されている。クリスチャン七世の旧森林法が木材資源の保護を重視していたのに対し、近代の森林法では動植物の生息地である森林、そして、防風や防水、国土の景観としての森林など、さまざまな森林の活用を考慮し、それぞれに適した保護政策が設けられている。そして、ピクニックやハイキングなどだけでなく、近年ではジョギングやウォーキングなどの体力づくりやメディテーションなどの場所としても森林は利用され、親しまれるようになってきた。

森のなかを自転車で楽しむ

北岸へ向けて

シェラン島北部は、氷河が溶けて流れ出したときに造られた地形がゆえになだらかな起伏が続き、くぼんだ場所は湖になっている。フオールヘーヴェの森の出口にあるヒュアスホルムの街を走り抜けると、東西に細長いシェルスウ湖がある。湖は周囲をめぐる道路より低い所にあるため、自転車に乗っていても深い森を背景に青空を映している湖面を展望することができる。夕刻に、赤い太陽が空も水面もすべてをオレンジ色に染めながら森のなかに沈んでいく風景を目の当たりにすると、思わず自然の美しさに圧倒されてしまう。

シェルスウからは、麦畑と牧草地のなかに続く緩やかにカーブを描く田舎道を、牛や馬、羊に挨拶しながら走っていく。そして、その昔は小麦をひいていた風車や白い壁の小さな教会や、茅葺き屋根の農家屋が数戸集まった集落を通り抜けていく。日陰のない農地からこの場所にたどり着くと、農家の軒先にある樹木の葉が道路の上に涼しげな影を落としていて、みずみずしく、生き返ったような気持ちになる。

小さな集落をあっという間に通り抜けると、急坂を上り、三六〇度の視界が広がる丘の上に出る。人影もない緑の麦畑の丘の上からは、水面が陽光を反射して輝いているウアスン海峡が東に見える。「カールボ」と呼ばれるこの辺りを走っていると、レーシング用の自転車でトレーニン

シェルスウ湖畔

グ中のサイクリストとすれ違うことが多い。ここは交通量が少なく、緩やかなアップダウンが続くため、自転車で走ると心地良いことがサイクリストの間では知られているとフーバートはいう。

西側には深い森があり、この森の向こう側に王室の迎賓館となっているフレデリクスボー城のあるヒレロドの街がある。フレデリクスボー城はデンマークにある城のうち、ルネサンス様式のものとしては最大規模である。この城のもっとも古い部分は中世まで遡るが、フレデリック二世（一五三四～一五八八）が一五六〇年に王室の居城としたところからフレデリクスボー城と呼ばれている。この城で生まれたフレデリック二世の息子であるクリスチャン四世（一五七七～一六四八）が一六〇二年から一六二二年にかけて古い城を解体し、現在のルネサンス様式の贅沢な城へと建て直したのである。

フレデリクスボー城内の一部は一八五九年に火災によって焼失されたが、「カールスベルグ・ビール」の創立者であるJ・C・ヤコブセンが中心になって、城の室内を修復し国立歴史博物館として一般公開するように働きかけた。城内にあった教会は火災を免れ、ここに、一六一〇年に建造された銀の装飾がきらびやかに施されているパイプオルガンが残っている。一九九五年には、王室の第二王子であるヨアキムが、アレキサンドラ妃との結婚式をこの教会で行っている。その厳正で盛大な様子とともに、教会の豪華な装飾が式のテレビ中継を通じて見ることができた。

フレデリクスボー城の下に広がるヒレロドの街は、地元市民も観光客も心地良くショッピングができる新しいショッピング・モールがあることで知られている。一九九二年一〇月にオープンした「スロッツアーケーダー」と呼ばれるショッピング・モールは、裏びれてしまっていたヒレロドの中心街に人々を呼び戻し、しかも周辺の商店街の活性化も導いたのである。そして、建築的にも熟考されたアーケードでもあることから、一九九三年に国際ショッピングセンター委員会（the International Council of Shopping Centers）からヨーロッパのもっとも美しいショッピングセンターとして表彰されている。

街の中心部にあるスロッツアーケーダーの位置している敷地は、デンマークの農業機械メーカーが所有していたものである。同社の工場撤退にともなって、跡地の二五〇〇平方メートルに新しいショッピングモールが建設されたのである。

ショッピングモール建設は、市民の要望によるものであった。この工場跡地を買収したヒレロド・コムーネは、利用方法を市民に公募し、市民から寄せられた三八点の提案すべてをコムーネの庁舎に展示するほか、議会の跡地利用計画を決定するための重要な参考資料としたのである。

一九八〇年代後半のデンマークでは、大規模なショッピングセンターが郊外に新設されたことによって、人々が以前からある商店街を離れ、街の中心部の空洞化現象がヒレドロを含めて多くの都市で起きていた。そこで、ヒレロドの工場跡地利用計画案では、街の中心部に商業用地と公共設備の両者を設置することによって空洞化を抑えようとする提案が一般の多くの支持を得たのである。あわせて、近隣にあるフレデリクスボー城などの古い建築物に調和する建築であることも重要な事項となった。

二万五〇〇〇平方メートルの敷地のうち一万六〇〇〇平方メートルを商業用地、少なくとも四五〇〇平方メートルを住宅地、そして残りを事務所などのために利用するという敷地利用計画は一九九〇年五月にヒレロド・コムーネ議会を通過し、一九九一年から一九九二年にかけて建設された。スロッツアーケーダーの貸店舗や貸事務所および住宅五〇戸は、公募早々に入居者が決まり、ショッピングセンターはオープン当初から賑わった。私はフレデリクスボー城を訪れるたびに、スロッツアーケーダーと歩行者天国になっている昔からの商店街に立ち寄っている。いつでもたくさんの人が行き来して、和やかな雰囲気のある心地良いショッピング街である。そして、これは「スロッツアーケーダーは建築そのものが魅力的であるばかりでなく、死にかかった街に生命を創造するために慎重な努力を重ねたという素晴しい例である」と、絶賛する記事が新聞紙上で紹介されたほどである。

ヒレドロの街を後にして、広々としたエコロジカルな農場でのんびりとこちらを眺めている牛の鼻先を通り抜けると、赤や黄色の煉瓦を焼くための土が山になっている煉瓦工場がある。「煉瓦はこうしてつくられるのか」と考えながら、農家のトラクターがゆっくりと行く道を走っていくと路面電車の踏切に出る。この電車は、シェラン島北部の別荘地を結んでいる。路面電車の踏切を渡ると両側に見えていた森が開け、視界が広がる。この辺りから、遠くに見えるひときわ高い丘の樹木の奥に白い建物が望める。王室が夏の別荘としているフレデンスボー宮殿である。

フレデリック四世（一六七一～一七三〇）によって一七一九年から一七二二年にかけて建造されたフレデンスボー宮殿は、フレデリック四世が好んでいたフランスやイタリアで当時隆盛であった建築様式をとっており、大きなドームが建物の特徴になっている。宮殿の名称である「フレデンスボー」は、平和の城という意味である。

一七〇〇年から二〇年間、デンマークとノルウェーはロシアとポーランドとともにスウェーデンに対して戦争を続けていたが、この戦争がほぼ終盤を迎えるとフレデリック四世は、平和の印にシェラン島北部のエスルムスウ湖の東岸にあった狩りのための家屋を別荘として建て直したのである。

白く優雅な趣のフレデンスボー宮殿は、現在の女王マーグレーテ二世が夏の居城にしているために屋内を見学することができないのが残念だが、大理石の彫像と噴水のあるバロック様式の庭園は訪問できる。湖に面した森に囲まれた宮殿と庭園に訪れると、いつもその美しさに心が洗われるような感じを覚える。宮殿の正面から両手に深い森の緑を見ながらなだらかな坂をゆっくり下っていった先には、太陽の光を反射してキラキラする波頭が寄せている。湖の対岸も見渡すかぎり森である。私たちが現在見ている青空と森と湖の風景は、きっと宮殿が造られた時代と同じものなのだろう。ここには、自然の美しさが満ちているのである。そして、ここにある美しさを国民と分かち合おうという女王の優しさに感謝したくなる。

私たちのシェラン島北部ツアーは、ヒレロドからエスルムスウ湖の西側のグリブの森のなかを走り、シェラン島の北岸に位置する港街であるギルライエに出る。港の近隣には白砂の浜辺が広がり、そこには明るい光がある。

デンマークでは、都市、住宅地、農業用地、

フレデンスボー宮殿庭園入り口

工業用地の区分けが明確になっている。都市の周辺に住宅地があり、その外側は工業用地および広大な農業用地となっている。こうすることで乱開発を防ぎ、風景を美しく保とうというのである。シェラン島北部では内陸に広がる緑豊かな農業地帯を走り抜け、海岸に近い丘の急な坂を上りきると住宅地になっている。この辺りの住宅地は夏の別荘地としてもともとは開発された所であるが、住宅不足を理由として現在のような住宅地になった。

各コムーネは各地区における土地の利用用途を定めており、コムーネが別荘地と定めた地区にある家屋に通年にわたって居住することは許可していない。これは、下水や二酸化炭素あるいはごみの排出を別荘の利用期間だけにかぎることで、人間の生活が及ぼす自然への影響を少なくすることを理由にしている。シェラン島北部でも海岸に近い地区は依然として別荘地区に定められており、家屋は別荘として利用され、新築あるいは改築も別荘として行われることになっている。

ギルライエには、漁船やヨットの就く港と白浜の海水浴場がある。夏の間、週末にはたくさんの人々が小さな街に溢れている。私たちは桟橋の脇に置かれているベンチに腰掛けて、水分とエネルギーの補給をする。強い海風を受けながら走ってきた後には、自宅でつくって持ってきたサンドイッチがごちそうのように美味しく感じられる。のどの乾きを潤し、お腹を満たして、大きく深呼吸してから、少しテンポを落として、シェラン島の北岸に寄せる波と光を楽しみながら走るのである。

浜通りをコペンハーゲンへ

海岸に沿った通りが少しばかり上り坂になると、その坂の上にヘルシンガーの街が広がっている。コペンハーゲンからは約五〇キロメートルほど北にあるヘルシンガーでは、ウアスン海峡の対岸のスウェーデンがすぐそこに見えている。スウェーデンのヘルシンボリの街との間は約四キロメートルで、ここがウアスン海峡のもっとも狭い所である。シェラン島東海岸の最北端に位置するヘルシンガーは古くから要塞の街で、ハムレットの舞台となったクロンボー城は海峡の突端に立つ城砦であった。そして、ヘルシンガーはデンマーク王室が一五世紀から一九世紀後半まで、ウアスン海峡を通る船から通行税を徴収していた所でもある。これは、ウアスン海峡より東のバルト海で採れるニシンの水揚げを制限するための策であった。

このために、デンマーク王室が現在のクロンボー城のある土地に最初の城を築いたのは一四二三年のことである。やがて通行税によって経済的に潤うと、フレデリック二世（一五三四～一五八八年）は一五七四年から城の建て直しを始め、一五七七年に現在のクロンボー城が建ち上がった。その後、銅を葺いた屋根や四つの塔などの改築があり、これらすべてが完了したのは一五八五年のことである。一六二九年に城は火災に遭ってそのほとんどが焼失したが、フレデリック二世の息子であるクリスチャン四世が再建を図り、元の城の姿を取り戻したのである。しかし、スウェーデンとの戦争中に塔のうちの一つが崩壊するなどの大きな被害を受け、さらに、城内の値打ち品はスウェーデン王室に譲渡されて居城には向かなくなると、王室は城を離れることになった。

クロンボー城には、一七八五年から一九二四年までデンマーク軍の兵舎として使用されたという歴史もある。現在は、城は一般に公開されて見学できるほか、一部は海軍博物館として展示室に利用されている。クロンボー城の砦の土手に立つと、風が強く、外海の荒波が押し寄せてしぶきが上がってくる。重厚な姿のクロンボー城は、厳しい自然と沖から攻めてくる敵から、背にしたデンマークの風土を守るようにして勇壮に立っているのである。

ヘルシンガーの旧市街には一六世紀や一七世紀の建造物が並び、ヘルシンガーとスウェーデンのヘルシンボリとの間を行き来するフェリーを利用して訪れるスウェーデン人や、クロンボー城を訪れる世界各国からの観光客で賑わっている。コペンハーゲン発の列車やスウェーデンの列車は車両ごとフェリーに乗せられて海峡を渡り、対岸に着くとまた線路を走っている。フェリーの旅はわずか一五分ほどであって非常に気軽なので、列車だけでなく自家用車とともにフェリーで渡る人々も数多くいる。

週末にヘルシンガーの街を訪れるスウェーデン人は、ワインやビールを購入するために対岸から渡ってきた人々がとくに多い。デンマークとは異なり、スウェーデンやノルウェーでは酒税が高く、酒類の購入は国家の指定した店だけにかぎられているなど、酒類に対する規制が厳しい。

そのために、スウェーデンやノルウェーからデンマークに訪れる人々の多くが、自分の国に比較すると割安な酒類を買って帰国するのである。スウェーデン南部の人々は、週末や連休前にはフェリーを利用して日帰りでヘルシンガーやコペンハーゲンに訪れている。ワイン商や酒類を扱う商店ではたくさんのスウェーデン人がデンマーク人の数倍の量のワインやビールを買い求めているのだが、その量の多さには目を丸くするほどである。ヘルシンガーの旧市街ではスウェーデン人の経営する酒屋があるほどで、ここではもちろんスウェーデン語の値札を付け、スウェーデン人の店員を雇っている。

クロンボー城から戻ってきた観光客や酔っぱらったスウェーデン人、ショッピング途中のデンマーク人など、たくさんの人々で賑わっている海岸に面した旧市街から内陸に向かうと、間

クロンボー城

もなく人影が少なくなって静かな地方都市の様相になる。住宅地になっている丘のなだらかな坂を上っていくと、林のように樹木が繁っているなかに、まるで草木に埋もれているかのように立っている煉瓦造りの住宅群がある。この住宅群は、シドニーのオペラハウスを設計したデンマーク人建築家のヨアン・ウッツソン（Jørn Utzon）氏が無名時代に手がけたものである。ウッツソン氏は一九五七年にシドニーのオペラハウスの建築設計コンペティションで一等を獲得したのであるが、ちょうどそのころ、ヘルシンガー・コムーネが募集した住宅群設計コンペティションで彼の提案が認められ、その設計に基づいた住宅群の建設が始められていた。

一九五七年から一九六一年にかけて六〇戸の平屋住宅が建設された所は、元牧草地であった。今日では数多くの大きな樹木がほどよい光と影を生み出している美しい林の丘になっていて、樹木が一本もなかったとは信じられないほどで、月日の流れと自然のもつ力に驚かされるだけである。一つ一つの住宅が中庭をもっていて、「パティオ」と呼ばれる中庭のあるイタリアの住宅に似ているところから、この住宅群は「ローマ住宅群」と呼ばれている。

どの住宅にも正方形の敷地のなかに造られた小さな正方形の中庭と、その中庭の二辺に沿って「くの字」型をした家屋がある。家屋の広さは一〇〇平方メートルで、正方形の中庭の広さも一〇〇平方メートルになっている。すべての住宅は同じ外観でありながら、住宅一つ一つはなだらかな丘の斜面に少しずつずれながら自然に調和するように配置されているので、住宅群全体の景観には変化が感じられる。シンプルな住宅の設計は日本住宅から、住宅群と環境の一体感はモロッコの村落から、ウッツソン氏はヒントを得たのだそうだ。家屋は、煉瓦造りで重厚な存在感がある。それが簡素な形態であるうえ繁った緑の草木に覆われていて、ひっそりとしたたたずまいがある。

シェラン島の北岸を走っているうちにフーバートと私はローマ住宅群に住む友達を思い出し、突然ながら訪ねることにした。ドアベルを鳴らすと、向かい風を受けながら自転車を走らせて、疲れ果てた様子の珍妙な訪問客を友人は心やすく迎かえ入れて、そして冷たい飲み物とスナックでもてなしてくれた。正方形の中庭にはちょうど夕方の太陽が日差しを投げていて、その明るい部分に置かれたガーデン・チェアに私たちは腰掛けた。そこから隣接した住宅はまったく見えず、丘の林と手前の庭の草木が一つの風景をつくっているように見える。そして、塀のすぐ外側に背を高くして立っている松の木の枝が、風に揺れて涼しそうな音を立てている。日本の家屋を想わせる大きなガラス戸と瓦屋根の平屋の住宅のそばで松の木の揺れる音を聞いていると、デンマークではなくて日本にいるような気にもなってくる。自然の美しさと友達の温かさに触れて、私は向かい風のなかを走った疲れもまたたく間に忘れることができた。

この住宅群の設計にあたって、ウッツソン氏は自然と調和する住宅群というアイデアを抱いていた。この考えを現実に導いたのは、敷地全体の景観を設計したランドスケープ・アーキテクトのJ・パレ・シュミット（J. Palle Schmidt）氏の手腕である。ウッツソン氏と同年の一九一八年生まれのシュミット氏は、大規模な住宅群や公共施設のためのランドスケープデザイン（景観設計）を手掛けた建築家である。

水辺を中心に発展した古代の集落のように、ローマ住宅群の中心には池があり、居住者の共有空間として利用されている。そして、その周囲のこんもりと繁る草木のなかに、住宅が隣り同士互いに少しずつ接しながら並んでいる。その土地に昔からあったように見えている池は住宅群の建設当時に造られたものであり、自然の林のように見える樹木はその当時に植樹されたものである。

樹木が成長し、藪が繁り、小鳥や小動物たちがやって来て、当初計画された風景は四〇年を経て自然の状態に近づきつつある。ウッツソン氏の住宅と環境計画を気に入って、このローマ住宅群に移り住んできた人々が多いのだそうだ。この住宅群は一九八六年に国の保存地域として指定され、住宅や住宅群敷地の利用には詳細な

住宅群共有地の風景

規定が設けられている。そして、ウッツソン氏の設計した住宅の原型を保つために住宅の修理をする場合には、住宅外観の改築や改造は認められていない。

背の高い樹木で囲まれたローマ住宅群の敷地に入ると、今の時代からタイム・スリップして過去へ戻ってしまったように感じる。まるで一九六〇年代の日本の都市郊外にあった、草むらのような風景がここにはあるのだ。キツネやリスが通り抜けた小道を犬が散歩し、スズメやカササギが実をついばむ樹木にカラスもやって来る。落ち葉を踏みながら池の周りを歩いているうちに、夕陽が丘の頂上に近づいてきたら家路を急ぐ時刻である。

ヘルシンガーからは、ウアスン海峡に面した浜通りを南下する。ウアスン海峡を眺めながら、一五〇〇年代や一六〇〇年代に造られた漁民の小さな家屋が集まった昔の漁村をいくつも通り抜ける。この、寄せる波と対岸のスウェーデンを望む風景と、昔のままの姿ののどかな漁村が調和してつくる美しさのある海岸通りの北部は「マーガレット道」に指定されている。昔の漁村の近くには今でも港があり、その一部はヨットハーバーになっていて、漁船やたくさんのヨットが停泊している。港では、早朝にウアスン海峡で採れたカレイやヒラメ、サバ、ニシン、アンコウなどが直売されており、魚屋やレストランなどの業務用だけでなく個人でも魚を買い求めることができる。漁船の着く時刻になると、近隣のご婦人が今晩のご馳走のために魚を求めて自転車で港にやって来る。

浜通り沿いは、一八〇〇年代後半から海辺の景色のよい別荘地あるいは高級住宅地として開発が進められた所で、昔の漁村の間には大きな邸宅が並んでいる。こうした邸宅の一つに、一九五八年にオープンした「ルイジアナ美術館」(1)がある。ここでは、ピカソやジャコメッティをはじめデンマーク人芸術家のアスガー・ヨーンなど、国内外から数多くの絵画や彫刻など現代美術の作品展示とともに、ウアスン海峡と遠くのスウェーデンを一望することのできる大きな庭園が訪問客を魅了している。ルイジアナ美術館の増築部である展示室は、シンプルな形態でガラス張りの回廊がある。これは、デンマークでは機能主義建築で知られた建築家のヨーアン・ボー(2)とヴィルヘルム・ヴォーラート(3)によって設計されたものである。

館内には、機能に準じたシンプルな形態が世界に知られているデンマークの家具が備えられており、優れた住宅建築と家具のデザインに触れる機会を多くの人々に提供している。とくに、建築やデザインの学生にとって優れた先達の例を体験することは重要なことで、この意味ではルイジアナ美術館の存在価値は大きいといえる。絵画や彫刻あるいは建築やデザインの学生は、学生証を見せると各美術館に無料で入館できるため、展示作品だけでなく家屋や庭園、家具を見学す

(1)（Asger Jorn：一九一四～一九七三）強い色彩を勢いよく画面に飛び散らした抽象作品を制作。
(2)（Jørgen Bo：一九一九年生まれ）一九六〇年、王立芸術アカデミー建築学部教授。
(3)（Vilhelm Wohlert：一九二〇年生まれ）一九六八年、王立芸術アカデミー建築学部教授。

海峡を望むルイジアナ美術館

アーネ・ヤコブセン設計の住宅群「スゥ・ホルム」

るためにここを訪れる学生がいつでも多い。デンマークでは、美術館だけでなく公共施設でも優れた建築やデザインに触れることが可能で、これが建築およびデザインの理解を一般に広げ、世界の先端に位置する設計思想を受け継いできた背景となっている。

海峡を望むルイジアナ美術館のあるフムルベックからさらに浜通りを南へ下ると、デンマークを代表する建築家の設計した、シンプルでありながら優雅な形態の住宅が数ヵ所に見られる。これらの住宅は機能や用途を重要視して、余分な装飾を排除した、単純で幾何学的な形態によって表現することに価値を認める機能主義の考えに基づいて設計されたものである。デンマークでは、一九三〇年ごろからアーネ・ヤコブセン(4)やモーンス・ラッセン(5)をはじめとする建築家によって機能主義による建築が紹介された。機能主義の考えはデンマーク人の合理主義的なものの見方に合致し、建築だけでなく製品や印刷物のデザインにおいても強い影響を及ぼし、今日では、デンマーク建築とデザインの伝統といえるほどになっている。

一九五〇年代の終わりから六〇年代および七〇年代のデンマーク建築は、日本建築の強い影響を受けている。デンマークは、日本建築に感化された住宅が世界中でもっとも多く建てられた国

---

(4)（Arne Jacobsen：一九〇二～一九七二）建築家。一九五六年～一九六五年、王立芸術アカデミー建築学部教授。

(5)（Mogens Lassen：一九〇一～一九八七）建築家。

といっても過言ではないだろう。これらの住宅は、自然を室内に引き込むような大きな窓があることが共通の特徴である。たとえば、ルイジアナ美術館のヨーアン・ボーとヴィルヘルム・ヴォーラートによって設計された増築部は、日本家屋の縁側を想い起こさせる。ノーベル物理学賞を一九二二年に受賞したニールス・ボーア(6)の別荘は、室内にいながら屋外の自然を楽しめるように戸板をはずすことが可能になっている。これは、日本家屋の伝統を取り入れたことが明らかな一例である。住宅内の壁を最小限に抑え、仕切を利用することによって住宅にフレキシビリティを与えるという日本家屋の特徴にも、デンマーク人建築家は注目している。これは、たとえば建築家ハルドー・グンロイソン(7)の自邸にも表されている。

毎朝、魚の市《いち》が立つ和やかな雰囲気のヴェドベックの港に立ってウアスン海峡を眺めると、対岸にスウェーデンが見える。波の向こうに見えるスウェーデンの上空を越えて、その向こうの見えない所までさらに大地は続き、そしてその先には日本列島がある。高度経済成長期にあった日本がアメリカやヨーロッパの影響を受けていたころ、デンマークの建築家は日本文化に注目していたのである。そう思うと、私は日本の風景をぼんやりと思い起こすのである。

（6）（Niels Bohr：一八八五～一九六三）コペンハーゲン大学教授。物理学者。原子核からの光放出を唱えた。
（7）（Halldor Gunnlögsson：一九一八年生まれ）一九五九年、王立芸術アカデミー建築学部教授。

第3章

ランゲラン島への旅

ストアベルト海峡を越えて

ユトランド半島とシェラン島の間にあるフュン島の東岸に沿うようにしてある、南北に長い島がランゲラン島である。南北に約六五キロメートル、東西では広い所で約一〇キロメートル、狭い所では約二キロメートルと細長く、南端はドイツの方向を向いてバルト海に突き出している。名前の「ランゲラン」とは「長い大地」という意味である。その昔、アンデルセン（一八〇五〜一八七五）が友人を訪ねて旅したように、私たちも長い島に住む友人を訪ねて旅することにした。

コペンハーゲンから西へ向かい、シェラン島のコルスアからストアベルト海峡を越えてフュン島のニュボーへ渡り、ニュボーからフュン島の東海岸を南下してスヴェンボーという街から、まずトーシンゲ島へ、そしてランゲラン島へ橋を越えて渡るというのが通常の道行きである。

シェラン島とフュン島の間を隔てている約二〇キロメートルのストアベルト海峡は、一九九七年に橋が完成するまで船の通行がデンマークではもっとも頻繁な海域であった。列車を乗せたフェリーが、一日中ひっきりなしに通っていたからである。列車がフェリーに積み込まれた後の対岸に着くまでの約一時間、乗客はフェリー内の食堂で食事をしたり、甲板に出て新鮮な空気に触れたり、ゆったりした船旅の優雅さをかつて少しばかり味わえたのである。ストアベルト橋の完成にともなってフェリーの運行がなくなることが決定すると、こうした楽しさを惜しむ声も聞かれたものであった。しかし、シェラン島とフュン島の間を列車が走り続けることによって時間的な距離が大幅に縮まると、便利さという恩恵は喜ばしいもので、フェリーによるストアベルトの旅は懐かしい昔の記憶としてその時代を知る人々の心の中に収まり、フェリー復活に執着する人々はいないようだ。

ストアベルト橋が完成して、列車だけでなく車も陸路で海峡を渡ることができるようになった。橋の両側に料金所があって、ここを通過すると対岸を目指して海の上に架けられた長い橋を渡るのである。自転車は海上の強風に煽られて危険なために単独での橋の通行は許されていないのだが、列車あるいはコルスアとニュボー間を走るバスに乗せて海峡を渡ることができる。私たちはコペンハーゲンから列車に乗り、海峡を越えてフュン島のニュボーから自転車でラン

ストアベルト橋

ゲラン島を目指すことにした。

朝八時にコペンハーゲンを発った列車は九時すぎにはシェラン島のコルスア岸を離れ、海底トンネルを抜けてストアベルト橋の上を走っていた。列車が橋を降りて、元はフェリーから列車が線路に戻った港であったニュボー駅に到着すると、フーバートと私は初めて走る見知らぬ土地のことを考えて少しばかり緊張していた。フェリーの埠頭に近い駅は閑散として、吹き付ける風も強く、コペンハーゲンよりもひんやりとしている。駅を出ると新しく造られたバスのロータリーがあり、行き先別のバスの番号を示す表示塔が立っている。しかし、利用客が少ないからだろうか、デンマークの駅には通常備えられている駅周辺の地図を表示する案内板は見当たらない。ロータリーの周辺は藪が茂っているだけで、道路の行き先表示版もない。私たちの慣れ親しんでいるコペンハーゲン周辺とは事情が異なることに面喰らったが、駅の近くにあるガソリンスタンドに立ち寄って方角を尋ねると、親切に道順を教えてくれた。ほっと、ひと安心である。

ニュボーには一一七〇年に城が築かれ、中世初期のデンマークにおける政治の中心地であった。そして、一二〇〇年から一四一三年まではここにデンマークの首都が置かれ、デンマーク最初の憲法が一二八二年に公布されたのもニュボーである。私たちの着いた駅は街の中心から離れた場所にあって、コンテナや材木を積んだトラックが数多く行き来するだけでその当時の様子をうかがい知ることはできないが、ニュボーはデンマークの歴史上では重要な街なのである。そして、ニュボーからランゲラン島へ通じる橋の架かっているスヴェンボーまでの間には、海賊などから街を守るために一四世紀から一五世紀に築かれた城塞がいくつも残っている。この城塞のある街をつないだ街道の、スヴェンボーまで約五〇キロメートルの道のりを私たちは走ることにした。

森や畑を両手に見ながら続く街道は、幹線道路でないのにもかかわらず、数多くのトラックが私たちを追い越していくのには驚かされた。もちろん、こうしたトラックのうちの数台は、私たちの目指すランゲラン島や途中にある島のトーシンゲに荷物を運ぶのであろう。こうした貨物輸送のトラックに加えて、材木を積んだトラックもこの街道では数多く見かけられる。私は走りながら、家具の輸出をしている友人が、フュン島には家具用の製材をとるために植林している私有森が多いと言っていたことを思い出した。そして、彼が輸出している家具の製造工場はフュン島にあり、もちろん、ほかの家具メーカーも工場をフュン島に設けている。私たちの見たトラックで輸送中の材木も、製材所に送られた後に家具になるのだろう。

強い向かい風を受けて低スピードで進む自転車の私たちを、たくさんの自動車やトラックが追い抜いていく。時折、街道沿いの森から伐採した材木を積んだトラックが出てくるのに出会うほかには、一時間ばかり走ってもほかの自転車も歩行者も見ることがない。この街道付近に人が住んでいる気配も感じられず、少しばかり退屈に思ったりもしていると、坂を下りて森が開けた所に右に入る道があり、その入り口に「GOG HALLEN（ギーオーギー・ハーレン）」という案内板があるのに気がついた。これは、フュン島にあるプロフェッショナルのハンドボール・チームである「GOG」のホームグラウンドとなっている体育館の入り口を示していたのである。

ハンドボールは、デンマーク生まれのスポーツである。一八九八年にホルガー・ニールセン（Holger Nielsen：一八六六～一九五五）によって考案され、最初の公式試合は一九〇七年に行われている。デンマーク・ハンドボール協会（Dansk Håndbold Forbund）は一九三五年に設立され、リーグ戦は一九四六年に開始された。デンマーク国内では男女を問わずハンドボールへの人気が高く、全国各地にアマチュアのクラブチームがある。数多くあるクラブチームの頂点にはプロフェッショナル・チームのリーグがある。このように選手層が厚いデンマークのハンドボールは、世界大会やヨーロッパ大会においてもトップクラスにある。とくに女子のナショナルチームの強さが際立っており、一九九六年のアトランタ・オリンピックに続き、二〇〇〇年のシドニー・オリンピックでも金メダルを獲得している。オリンピックで連続二回金メダルを獲得したことは、もちろん選手たちにとっても最上の喜びであったのだが、それだけでなく、人口約五三〇万人の小国デンマークにとっては史上稀に見る特別な出来事となったのである。それだけにシドニー・オリンピック後は、ハンドボールへの人気がますます高まっている。

各地で行われるハンドボールの試合には、数多くの観客が集まって、選手に声援を送っている。プロフェッショナル・チームのリーグ戦はテレビ中継されており、このほかにも、ヨーロッパ大会や世界大会は必ずテレビで試合の様子が放映されている。私もときどきテレビ中継でハンドボール観戦をするのだが、とくにユトランド半島で行われる試合では大応援団がいつでも観客席にできていて、その盛り上がりようはサッカーの試合観戦にも負けないくらいである。試合が終わると、少年少女たちがサインをもらうためにお目当ての選手のところに駆けつけるが、勝っても負けても選手たちは爽やかに子どもたちの希望に応じている。こうしたところに、子どもを大切にするデンマーク人の伝統が見られる。

冬の長いデンマークでは屋内で行うスポーツが盛んで、ハンドボールだけでなくバドミントンや卓球などの競技でも、世界のトップクラスの選手を生み出している。

人の気配のない淋しげなニュボーからの街道であったが、スヴェンボーに近づくにつれて周囲に麦畑や農場などが見えてくるようになってきた。そして、暗かった空も雲が切れて晴れ間が見えるようになり、ランゲランまでの旅が少しばかり明るく感じられるようになった。スヴェンボーは中世からある街で、中心街の教会は一三世紀に築かれたものである。しかし、残念なことに度重なる火災で中世からの古い街並みは現代に残っていない。近代以降のスヴェンボーは、造船や海運で栄えた街である。スヴェンボーの街は切り立った海岸の上に広がっている。街からは、太陽の光を反射してキラキラ揺れる波の上にトーシンゲ島とその向こうに長いランゲラン島が浮かんでいる立体感のある美しい風景を望むことができる。トーシンゲ島に渡る橋に向かう前に、スヴェンボーの街で私たちは一休みすることにした。

街から望むスヴェンボー海峡の眺めはとても美しいものである。その穏やかな海を見ながら飲む冷たい水は、喉の乾きを癒してくれるだけでなく、見知らぬ土地を走る不安を和らげてくれるような気がした。そして、スヴェンボーの街で潤いを得た私たちは、ランゲラン島で待つ友人宅を目指して再出発である。

スヴェンボー海峡を越えてトーシンゲ島に渡る橋は、港に近い丘の上から架けられている。一二〇〇メートルの橋を越えるのは容易だが、風が強いのが気になる。風に押されて欄干に近づくと橋から落ちそうで恐いのだ。それでも橋の上では車道の外側に歩行者と自転車共用の通路が設けられているので、背後から車両が近づいてきても欄干寄りに進路を変える必要がないのが救いである。風に飛ばされないように気を付けながら、そのまま真っすぐに走り続けることに集中すればよいのだ。海面より遥かに高い橋の欄干を越えて見る景色は美しく、その感動はトーシンゲ島の陸地に着いても覚めきらなかった。

トーシンゲ島は広さ約七〇平方キロメートルで、デンマークの国土を構成している島々のうちでは大きい方である。橋を降りると、その道は島の中央を縦断してランゲラン島へ渡る橋につながっている。海からの風を妨げるものがないため、再びここでも強い風が走っている私たちに吹き付けてくる。道の両側には畑が広がっていて、農場が遠くの方に見えるだけである。

この島の東海岸には、一四世紀の初めに城が築かれていた。その場所に一六四〇年、クリスチャン四世（一五七七～一六四八）は息子のヴァルデマー・クリスチャン伯爵のために新しい城を建設した。「ヴァルデマース城」と呼ばれている城は伯爵の没後に家族に引き継がれたが、一六五八年から一六六〇年にあったスウェーデン軍の襲撃で損壊し、一六七七年にデンマーク海軍大将のニールス・ユエル（Niels Juel：一六二九～一六九七）が買い取るまでは修理されることもないまま空き家となっていた。ニールス・ユエルは城を改修すると、城内に礼拝堂を設けている。現在のヴァルデマース城は、建物の一部が「領主邸宅博物館」と海の男であったニールス・ユエルにちなんだ「ヨット博物館」として一般に公開されている。

トーシンゲ島とランゲラン島の間にはシウという小さな島がある。シウ島とトーシンゲ島との間には堰《せき》ダムが築かれており、この上を通ってシウ島へ渡ることができる。平らで小さなシウ島からは長いシルエットのランゲラン島が見えている。目の前の背の高い大きな橋を渡りきると、そこはランゲラン島である。

橋の上では車両とは区分けされた自転車道を走るとはいえ、海面が遥か下にある高い橋の上を強い横風を受けながら走るのは、高い所があまり好きでない私にとっては気持ちよいものではない。橋の先端を上り始めるといよいよ緊張感が高まり、ランゲラン島の地面に降り立つまで、フーバートも私も一七〇〇メートルの橋を無言のままに走り続けたのである。ランゲラン島側の橋の袂周辺は郊外の住宅地という風情で、人里離れたトーシンゲ島から来ると人の気配があって安心する。

渡ってきた海を振り返って眺めると、トーシンゲ島とシウ島の緑を背景に海が青空を映していて、美しい風景であった。所々、海辺には釣りをしている人々も見られる。橋の袂には芝生が敷かれ、ベンチとテーブルが置いてあって、海の向こう側から訪れた人々が旅の疲れを癒す休憩所のようになっている。私たちはランゲラン島にようやくたどり着いて緊張感がほどけ、また太陽が空高いところで輝き、青空が広がって心地良い天気になったので、小さな休憩所で持参したサンドイッチをかじることにした。

ランゲラン島の南端を目指して

フュン島からトーシンゲ島を越えて、私たちが渡ってきた橋のあるルドゥキュビンの街は、南北に長いランゲラン島の西海岸のほぼ中心に位置している。ここには、すでに一一〇〇年代には教会を中心にした集落があった。ルドゥキュビンの街は一二八七年にランゲラン島では唯一の商業活動の許された都市として指定され、現在でも島内の中心都市となっている。私たちは温かい陽射しのなかで一休みをすると、ランゲラン島の南端に近いベイエンコップに住んでいる友人を訪ねて、ルドゥキュビンからさらに二五キロメートルほどの道のりを走り出した。

私たちの訪ねる友人、日本人女性のタカコさんは、一九九九年の春からランゲラン島の住人である。一九七一年にデンマークに来た彼女は、一九七二年にデンマーク人男性と結婚してコペンハーゲン郊外に住んでいた。「私は北海道出身だから、人が多くて賑やかなコペンハーゲンよりも、ランゲラン島の方が向いているみたい」と言って、彼女はこの島に移り住んだことを喜んでいる。小さな街では人々が見知らぬ相手にも挨拶をするということも、タカコさんがランゲラン島の生活を気に入っている理由の一つである。

ルドゥキュビンからベイエンコップまでの道は、地形の起伏に沿って緩やかにカーブを描きながら緑一面の風景のなかを上ったり下ったりと、変化に富んで美しい。それだけに、長距離を走ってきた疲れすら感じられない。道は数キロメートルごとに小さな集落を通りすぎる。どの集落にもレンガ造りで白壁の教会が中心にあり、その付近にパン屋がある。通り沿いの各家は通りに面した窓を花で飾り、花壇にも草花が溢れている。通りを歩いている地元の人は、リュックサックを背負って自転車で走ってきた私たちに微笑みかけて挨拶をする。

ルドゥキュビンからベイエンコップまでの道のりのほぼ半分ぐらいまで来た所に、ランゲラン島南部ではもっとも大きいフンブルという街がある。フンブルはチーズの名前としてデンマーク全国に知られており、特製チーズとワインを販売している店もある。

立派な教会にフーバートも私も興味を引かれて、小休憩となった。この教会はデンマークの農村地帯にあるもののうちでは最大規模で、一二〇〇年代に築かれた建物である。教会の裏手には「フンブル王の墓」と呼ばれる大きな石塚がある。これは七七の大きな岩で造られた石塚で、昔の人々は、特別な人が眠っている墓に違いないと信じていた。中世デンマークの歴史学者であるサクソ（一二二〇年頃没）がランゲラン島南部を司どるフンブル王が存在したというところからこの石塚が王の墓であると人々が信じるようになったのだが、事実についてはいまだに解明されていない。しかし、仮にフンブル王が架空の人物だったとしても、中世初期に築かれた大きな教会と伝統的なチーズづくりの存在から、フンブルの街が長い歴史のある場所であること知ることができる。

フンブルからでは、私たちのベイエンコップを目指したサイクリングは約一〇キロメートルを残すのみである。丘の上に立っている古い風車の下を通りすぎると道はやがてベイエンコップまで一本道となった。いよいよ島の南端に近づいてきたためか、風がいくらか強くなってくる。道を走る車も少なくなり、人の気配もない。所々に釣り客相手の釣り具店があるだけのひっそりとした漁村を通りすぎると、フーバートは「この道はベイエンコップへ続いているの？」と、心配そうに尋ねてきた。しかし、ほかにたどる道もなく、走り続けていると、ベイエンコップまで三キロメートルであることを示す表示が道路脇に見つかった。

そこには、私が初めてランゲラン島に来たときに訪れた集落と教会がある。タカコさんに知り会って一ヵ月ほどで、私は彼女の二度目の結婚式に招かれて、このマウルビュという集落にある教会を訪ねたのである。この結婚式の出席者は彼女の再婚相手であるフィンの友人でイタリア人のロベルトと私だけで、彼らが結婚したという証人になるために招かれたのである。

このときにはコペンハーゲンからロベルトの運転する小さなイタリア車で飛ばしてきたので、

私はベイエンコップに着くまでの風景をゆっくり見ることができなかったのだが、マウルビュの集落ではロベルトが教会の写真を撮ったのでここの様子をよく覚えている。マウルビュは、家屋が数戸と小さな教会があるだけの農村の集落である。教会はレンガ造りを白く塗った建物で、ロマンチックな雰囲気が結婚式にふさわしいように思える。ここからタカコさんの住む海辺の家までは、あとわずかである。

緩やかに起伏のある緑の台地から平坦な土地へ下りてくると、通りのはずれに海が見えるようになる。ベイエンコップは昔から漁業の街で、煉瓦造りの住宅や商店が並び、活気が感じられる。ベイエンコップの水揚げ量は近年減少しているというが、今でも午前中には漁船が港に就いて魚を水揚げしている。二〇〇〇年からはベイエンコップの港からドイツのキールに向けて

マウルビュの教会

フェリーが就航するようになり、ドイツ人観光客が訪れるなど、港の街はますますにぎわっている。

タカコさんの家は街の外にあって、周辺には農地が広がっている。内陸の方は数キロ先までを見渡すことができて、通りすぎてきたマウルビュの教会が見える。敷地の門をくぐって玄関で呼び鈴を押すと、細面で髪を短くし、小柄で細いズボン姿の女性が姿を現した。

「早かったのね」

元気そうなタカコさんは、いつもの通り清楚で活動的である。彼女に私が初めて会ったときに感じたものと同じである。「結婚して子どもを育てていても、髪の毛を振り乱して疲れたように見えるようにはなりたくないと若いころに考えてね。いつも、きちんとした身なりでいようと思ったの」と、初対面の日に彼女が話していたのが思い出される。彼女はランゲラン島に移ってくるときに仕事を辞めたので、現在は成人学校に通ったり、畑の世話したり、紙で日本人形をつくるなどして静かに暮らしている。海に面した土地の住居は、そのようにして暮らすには最適の場所であろう。

この海辺の家は、タカコさんの夫であるフィンが農家から買い取った古い煉瓦造りの建物で、住宅としてふさわしいように現在も改造中である。改造の計画は次から次へと持ち上がり、完了の見通しが立っていない。フィンのように古い住宅を買って、改造あるいは改築して、自分なりの住居を造るというのはデンマークでは一般的である。改築や改造が終了してから新居に引っ越す場合もあれば、フィンのように工事をしている間に住み始める場合もある。「デンマーク人の家はいつもどこかが工事中」とデンマーク人自身が笑って話すほど、改造あるいは改築したり、修理したりペンキを塗ったりと、人々は住まいに手をかけている。工事は業者に依頼することもあるし、自分自身ですることもある。フィンの家は工事が大がかりなので、大工さんに頼んでいる。それでも、退職して年金受給者であるフィンは、一日のうちの多くの時間を工事現場で過ごしているようだ。

デンマーク人の家庭を訪問すると、どこに行っても手厚くもてなしてくれる。客人をもてなす慣習は会社であっても同様で、面会先からは訪問する人数を尋ねられ、出かけていくと必ず人数分の席ができていて、テーブルの上には飲み物とグラスが用意されている。

タカコさんとフィンに挨拶を交すと、フーバートと私はタカコさんにすすめられてシャワーで汗を流すことになった。そして、私たちがさっぱりすると、フィンが歓迎のグラスだといってワインを用意して待っていた。大きな窓から水平線が見渡せるキッチンで乾杯をし、タカコさんが料理をする間、フーバートと私はニュボーからの自転車旅行について語り、フィンは家の改造について語った。料理ができると隣のダイニング・ルームに移り、もう一度乾杯をして食事となった。

デンマークの一般家庭の食卓では、料理をした人が席につくと食事が始まる。客人の皿が空になったのを見て「もう少しいかが」とすすめるのは女性の役割で、ワインやビールなどの飲み物をふるまうのは男性の役割である。大皿に盛られて食卓の上に置かれた料理を各人に回して各々の皿に取り分けながら、料理を主人も客人も一緒に楽しむのである。

日本のことやデンマークのことなど話が盛り上がり、私たちはゆっくりと料理をいただいた。食事の後はみんな揃って片付けと洗いものをしたが、これもデンマーク的である。デンマークでは、男性が食事の後の洗いものをする家庭が多い。また、気の知れた友達に呼ばれて食事する場合、客人が料理や皿洗いを手伝うのは一般的である。男女にかかわらずキッチンでさまざまなことを話しながら、楽しく手を動かすのである。キッチンにコーヒーの香りが漂い、食事の片付けが終わると、居間に移ってコーヒーや紅茶とともにくつろぐことになる。客人があるときには、コーヒーとともにブランデーを味わう家庭もある。大きなソファにゆったりと座って、時間を忘れて和やかな時を過ごすのである。

フィンは現役のころに翻訳の仕事をしていたので言語に対して興味があり、私たちは日本語やデンマーク語について話をしたが、その日の早起きと自転車旅行の疲れが出て早々に床に就くことになった。

ランゲラン島の南端は、ドウンスクリントと呼ばれる崖になっている。あいにくの曇り空ではあったけれども、フィンはフーバートと私を島の南端へ案内してくれた。フィンとタカコさんの家のある海辺でもそうだが、この南端の岸に寄せられた石は波に洗われて丸く、穴のあいているものがたくさんある。ランゲラン島とドイツの間にあるバルト海から、ときには波と風が強く押し寄せてくるのに違いない。

ランゲラン島の南端を嵐が襲うたびにドウンスクリントの形が変わるという。海岸の上空には数十羽のツバメが旋回しながら飛び交っている。切り立った崖には無数の小さな穴があいていて、各々の穴からはツバメのヒナが顔を出して餌を待っている。五月にアフリカから飛んで来て夏をデンマークで過ごすツバメが、ドウンスクリントの崖で子育てをしているのだ。ランゲラン島の南端の岸には、入り江になっている所や森や湿地帯もあって、さまざまな種類の鳥が生息している。この一帯は鳥類の保護区になっており、春夏秋冬のどの季節でもバードウォッチングが楽しめる。

ドウンスクリント

切り立った海岸や、空中を素早いスピードで旋回する数多くのツバメと崖の穴のなかで餌をせがんでいるヒナたち、水平線の向こうにあるドイツの北岸まで広がるバルト海という、ここで触れることのできる自然の大きさは私にとって感動的なものであった。遠くから寄せる波が岸を洗う音を聞きながら、しばらく水辺を歩いているうちに空が暗くなり、大きな水滴が降ってきた。そこで、私たちは急いでフィンの車に戻り、海辺の家へ引き返した。

帰る途中の車のなかでフィンは、緑の畑の平らな大地の上に二つ並んだ山のような形の高い丘は、古代の地殻変動でできたものだと話してくれた。ランゲラン島南部には、このように地球の巨大な力によって突き上げられた古代の地層が幾つも見られる。これらの海辺の平らな地面に突き出した不思議な形をした丘が、景色のアクセントになっている。自然のつくり出した変化に富んだ美しい風景がランゲラン島南部にあって、この美しさを気に入ってフィンとタカコさんはこの島に住んでいるのだと私には思われた。

デンマークでは、シニアになってから異性の友人を得て再婚するという例は少なくない。こうした人々は、余生を一人ではなくて二人で楽しく送ろうと考えている。そして、カップルでいることは日々の暮らしを助け合う生活共同者的な関係となっている。フィンとタカコさんも一人よりは二人で暮らした方が楽しいと考えて、お互いに二度目となる結婚生活を始めたのである。タカコさんは、「私は長い間、ホームヘルパーの仕事で多くの高齢者のお世話をしてきたけれど、これからは一人の高齢者を世話していくのだなと思っている」と言う。彼女のホームヘルパーとして働いた経験を、フィンと共同の暮らしのなかで生かしていきたいとタカコさんは考えているのだ。

孤独な高齢者を励ますために

タカコさんは一九七六年から一九九九年にランゲラン島に引っ越してくるまで、通常の生活を送るのに援助を必要とする高齢者のためのホームヘルパーとして働いていた。独り暮らしで寝たきりになりがちな高齢者の朝の起床と、簡単な朝食の用意、掃除や買い物など、日常生活の援助がホームヘルパーの仕事である。タカコさんが働き始めたころは、一人のホームヘルパーは二週間に一人の高齢者を担当し、一日当たり四時間の訪問となっていた。当時は、そこでお互いを知り合うことができて、ホームヘルパーには高齢者の援助をしながらおしゃべりの相手をするなどの人間的な援助をする余裕があった。しかしその後、タカコさんが働いていたゲントフテ・コムーネやスレロド・コムーネをはじめ、首都圏のコペンハーゲンと近郊のコムーネでは高齢化が急速に進み、一人のホームヘルパーの担当する高齢者の人数が増えて十分な援助をすることが難しくなってきている。具体的には高齢者一人当たりへの援助が数分刻みで行われるようになり、ホームヘルパーは忙しく走り回らなければならないし、高齢者の方も、訪れてもたちまち去っていくホームヘルパーの忙しさに翻弄されているという。

各コムーネでは現在こうした事態を問題視して、ホームヘルプの質を改善するためにヘルパーの仕事内容の変更を検討している。たとえば、コペンハーゲン・コムーネでは、時間のかかる掃

ホームヘルパーとして働いていた頃のタカコさん

除は専門業者に委託して、高齢者との対話の時間を増やそうと試みている地区もある。また、高齢者の必要としている日用品をインターネット・ショッピングで代行しているコムーネもある。この場合、ホームヘルパーが高齢者の買い物リストをコムーネのコンピュータからインターネットを介してスーパーマーケットに注文し、注文をされた品々はスーパーマーケットから高齢者に直接配送されるのである。これによって、今までホームヘルパーが買い物のためにスーパーマーケットのレジ先で並んでいた時間をなくし、その時間を高齢者との対話に利用しようという考えなのである。

「いろいろな高齢者がいてみなさん覚えているけれど、一番印象に残っているのは、やはり働き始めたころの人たちね」と、タカコさんは二〇年以上も携わってきた仕事を振り返って言う。

ホームヘルパーとしての仕事始めの日、これから訪ねる高齢者がどのような人なのかを考えると、タカコさんは不安でいっぱいであった。コムーネの担当事務所からは高齢者の名前と住所、電話番号のほかに年齢と身体の状態が伝えられていたが、私的なことは一切知らされていなかったためにタカコさんは訪問する高齢者の人柄を想像することができず、それで不安になっていたのである。

朝九時に訪問先の古い集合住宅の入り口の呼び鈴を押すと、大きな玄関戸が開いて、階段を上っていくと突き当たりにあるドアの前に、部屋着姿のやせた老婦人がニコニコとタカコさんを待っていた。彼女の笑顔によってそれまでの不安は吹き飛ばされて、タカコさんは落ち着いて初仕事を始めることができたのだという。

細長いキッチンに通されると、そこで、その日の打ち合わせとなった。老婦人は大手術後で手足が少し不自由であったけれども、日常生活に特別支障を来すということはなく、彼女に対するホームヘルパーの仕事はそれほど大変なものではなかった。

二日目にはコムーネの事務所から彼女に、新米のホームヘルパーを送ったけれども、どのような様子で、不満があるかどうかを尋ねる電話があったという。彼女は、「私はとても満足していると伝えたから、安心しなさい」と、タカコさんに優しく話したのである。毎日四時間ずつ二週間、その老婦人をタカコさんは援助する一方でホームヘルパーの仕事を学び、それはまるで世話をしたりされたりするようなものであったようだ。初めての仕事が親切な老婦人だったのでとても幸運だった、とタカコさんは言う。

タカコさんがこの老婦人のホームヘルパーであった間に彼女を訪れた客人は、彼女が昔にスーパーマーケットのレジ係だったころの仲間という中年女性だけで、その女性もお花を持ってきて三〇分ほどで帰っていった。老婦人の田舎の家は大家族であったけれども、結核で次々と肉親が亡くなり、彼女は二〇代でコペンハーゲンに出てきてあらゆる仕事に携わったけれども、食べることで精いっぱいで婚期も逃して、そのまま七〇歳になっても独り暮らしを続けているとタカコさんに話したという。

「ホームヘルパーは援助期間が終わった後に、担当した高齢者を個人的に訪ねてはいけないことになっているのだけれども、私はこの老婦人宅の近くまできたときにお花を持って彼女を訪ねたらとても喜ばれてね。喜ばれることを何故してはいけないのか、今もって理解できない」と、当時を振り返ってタカコさんは話してくれた。

この老婦人のように、家族に恵まれず一人で生きてきた高齢者だけでなく、子どもや孫が近くに住んでいてもほとんど家族らしい交流がなく孤独に暮らしている高齢者が多いのだと、タカコさんは言う。たとえば、静かな住宅地の大きな畑のような庭のある一軒家に住む、当時八五歳だったニルスさんも孤独な高齢者の一人である。ニルスさんは若いころは郵便配達人で、毎日、雨の日も雪の日も自転車をこいで郵便を配達していたと、タカコさんに話したという。毎日自転車をこいで無理をしたためなのか、ニルスさんは足が悪く、包帯をはずしたことがなかった。一週間に一度、訪問看護婦が訪れて彼に助言をしているのだが、助言をまったく彼は無視して、悪い足を引きずりながらキッチンの掃除や庭の草取りに精を出しているのである。それでも訪問看護婦の訪れる日は、朝からおとなしく「私はよい患者です」と言わんばかりにベッドに入っていたそうだ。

ニルスさんは「妻も友人もみんな亡くなったので、自分の死も近いのだろう」とタカコさんに言って余生を悲観しながらも、家の外装を緑色に塗り直すことには張り切っていたということである。そして、タカコさんが新聞やラジオを彼にすすめてみると、「もう世の中がどのようになっても自分には関係ない」と言ってまったく受け付けようとしなかった。彼は近所に六〇歳になる息子が住んでいるとタカコさんに話していたが、彼女が援助している間に一度も彼の息子さんに会うことはなかった。しかし、小銭しか持っていないニルスさんの日用品は近くのスーパーマーケットから配達されていて、その請求書は息子さんの方へ送られるということであった。

ホームヘルパーとしてタカコさんがニルスさんにする援助に特別なものはなかったが、彼があまり得意でないという包帯の洗濯とそれをたたむのを手伝ったと彼女は言う。

「私の帰り際にはいつも、郵便配達人時代に使ったらしい麻の長い前掛けをして帽子をかぶり、そして、玄関の外に椅子を出して座ると、私の姿が見えなくなるまで手を振り続けていたけれども、それがとても印象的でよく覚えているわ」と、タカコさんは彼の様子を思い出して語るのであった。

タカコさんの働いていたゲントフテ・コムーネとスレロド・コムーネには、大きな邸宅に優雅に暮らしている富有な人々が多いのだが、もちろんこうした生活をしている高齢者でも、援助が必要であると認められればホームヘルパーが訪問して援助をすることになっている。それは一九七六年のことで、北国のデンマークにもようやく夏が訪れた六月の初め、ゲントフテ・コムーネの高級住宅地にある素敵な家に住むアンナさんをタカコさんは訪れた。ガレージのドアが開いていて、そのなかに大きなドイツ車が駐車されているのが見えた。「こんなに大きな家だったら、お掃除のお手伝いは大変だろうに」と思いつつ、タカコさんはドアベルを鳴らしたという。

六〇歳をすぎているとは思えないほどスラリとして、洒落たドレスを着た御婦人がタカコさんを迎え入れた。すると、コムーネから派遣されたホームヘルパーだというのに、アンナさんはよいところにお手伝いが来たと言わんばかりに、タカコさんが彼女の援助をする四時間に行うことをあれこれとまくしたてたのである。婦人科の手術を終えて間もないという彼女は、タカコさんに用事を言いつけると早速庭に折り畳み式のベッドを運び出し、悠々と日光浴をし始めた。

しかし、ときどきタカコさんの仕事の様子を偵察しに来て、「私はこんなに年をとって、夫にも先立たれてしまったけれど、その昔、一九三〇年代にはミス・ヨーロッパでしたのよ。その美貌をかわれて社長夫人になれたのよ」などと話すのである。

「何不自由なくてね、スペインに別荘があって、大勢使用人を雇っていたわ。私の二人の娘は、それはもうお姫様のように育てたの。幸い娘たちは優秀で、次々に幸せをつかんで独立して、もう私には大きな孫がいるの。でもね、みんなそれぞれの生活があるから滅多に来てくれやしない」と語るのである。そのアンナさんをタカコさんが見上げると、美しい顔が歪んで今にも泣き崩れそうだったのだ。

普通の人が羨ましく思うような大きな家に住んで、高級な品々に囲まれていても、家族との交流がなければ孤独で寂しい暮らしとなる。「高齢者はみんな、ホームヘルパーが来るのを楽しみにしているくらい」だと、タカコさんは言う。ホームヘルパーは仕事をするために訪問しているのに「それはいいから、座ってコーヒーでもいかが」と、話し相手を求めている高齢者が多いのである。タカコさんはランゲラン島に移ったためホームヘルパーの仕事を辞めているが、コペンハーゲンに立ち寄るときには長年担当していた高齢者を友人として訪れることがある。そういう人は、「一人で住んでいて、お客さんも来ないから訪ねると喜ぶ」のだそうだ。

独り暮らしでない高齢者であっても、援助が必要であればホームヘルパーが派遣される。タカコさんは当時を思い出したのか、可笑しそうに笑いながら語り出した。それは一九七六年の八月の初めであった。訪ねた高齢者は元医師で、バルコニーからは海を見下ろすことができる、日本でいうところのマンションのような分譲の集合住宅に住んでいた。彼はもう八〇歳も半ばで、耳がかなり遠く、足も衰えていたけれども、話すことはしっかりとしていた。彼の奥さんは手術をして、その静養のために出掛けたために、年老いたドクターにホームヘルパーが必要となってタカコさんが派遣されたのである。

彼の生活は実に規則正しかったという。書斎で読書を楽しみ、疲れると居間へ移って遠く海を眺め、静かにクラシック音楽に聴き入るというのが常であった。ホームヘルパーの仕事も日常の家事的なものというより、図書館へ行って本を借りたり、彼自身の書いた処方箋を持って薬局に行って薬を買うことであった。

二週間が静かにすぎるころ、ドクターの妻だという婦人が帰宅した。彼よりは二〇歳は若いだろうと思われる、朗らかで話し好きな夫人である。彼女は古くなった婦人靴や衣類を持ち出し、タカコさんにプレゼントしたいと言い出した。「ホームヘルパーは訪問先の高齢者やその家族から金銭や食料品、そのほかのプレゼントをいただいてはいけないことになっていて、発見されると解雇されるのです。ですから、いただけません」とタカコさんが言うと、夫人は「そう？　でも、これは廃品ですから、あなたがどのように扱おうと勝手です」と口にしながら、袋に品々を詰めていったのである。仕方なく袋詰めにされたものをタカコさんは受け取り、後日、それらを難民救済所へ贈ったのだそうだ。

さまざまな人々に出会うホームヘルパーの仕事は、誰にでもできるという簡単なものではない。デンマークでは、一九九〇年以降、在宅だけでなく施設や病院でも援助を行うことができる社会福祉・保健ヘルパーと社会福祉・保健アシスタントなどの資格がホームヘルパーの資格に取って代わっている。タカコさんは、一九九五年に社会福祉・保健ヘルパーの資格を取得している。授講費および実習費は、彼女の勤めていたスレロド・コムーネが負担した。今後は古いホームヘルパーの資格で働いている人々のもとに、社会福祉・保健に携わる専門の教育を受けた人々が加わっていくことになっている。これと同時に、日常生活の援助の内容も掃除や買い物というサービスから、会話などのソフトなサービスに変更していくことが検討されている。

三交代の二四時間体制で、一人のホームヘルパーが多くの高齢者を担当して車で忙しく走り回る時代を反省し、タカコさんがホームヘルパーの仕事を始めたころのように、今後は高齢者を温かく励ますことのできるような援助に代わっていくのであろう。

緑の島

タカコさんとフィンの住むベイエンコップから一本道を戻り、途中から東に分かれて畑のなかを通る自転車旅行ルートに従ってさらに北へ向かう。ランゲラン島の東海岸中央に位置するスポッズビア港から、フェリーでロラン島へ渡ろうというのが私たちの計画である。朝方降っていた雨は止んで、雲の切れ間から青空がのぞいている。自転車旅行のルートに指定されているだけあって車の通行はほとんどなく、麦畑の間に数キロメートルずつ離れてある農家から農家へと道は続いている。道路脇の藪の所々に可憐なピンク色の野バラが咲いていて、緑色の景色のなかで愛らしく見えている。人工的な都会では見ることのない花と出会った私は、コペンハーゲンから遠く離れた土地を走っていることを改めて感じさせられた。

ランゲラン島では、各地で殺虫剤や除草剤、科学肥料を使用しない環境に優しい農法で作物や家畜を育てている農場がある。これらのうちには、ランゲラン島南部の東海岸沿いの、デンマーク自然保護協会(1)のエコロジカル農場がある。農場は、「スコウゴー」と呼ばれる大邸宅の広い敷地の一部に造られている。スコウゴーの所有者であったエレン・フールデさんは、その生涯をかけて邸宅と庭園の美しさを保ってきたので、今日でも一八〇〇年代の自然と風景がそのまま残されている。この邸宅と庭園は、デンマーク自然保護協会が庭園の景観を保護するという約束のもと、一九七九年にエレンさんが亡くなる直前に残した遺言にもとづいてデンマーク自然保護協会へ寄贈されたのである。

緑の麦畑のなかを走っていたフーバートと私は、「エコロジカルな野菜と食肉、ハチミツあります」という手書きの看板の前を通りかかり、ちょうど少しばかり空腹感もあったので、食べるものがあるかもしれないとこのエコロジカル農場に寄ってみることにした。通りに面した広

麦畑のなかを走る

い畑の奥に、古い農家の建物が見えている。砂利道を音を立てて走ってきた私たちを愛想よく出迎えたのは、放し飼いになっている豚の親子であった。

エコロジカルな食肉として出荷できる豚や牛は、冬期を除いた春から秋までの暖かい季節には屋外で放し飼いにされ、化学薬品が含まれていない餌を与えて育てられたものにかぎられている。「エコロジカル・ミルク」と呼ばれているものは、搾乳時と冬期以外は放牧され、化学薬品を用いていない餌を与えられている乳牛からとった牛乳にかぎられている。このような方法での家畜の飼育は、工場の生産ラインのような締め切った家畜小屋で配合飼料を与えて豚や牛を飼育する近代的なものと比較すると、家畜の世話に手間がかかる上、飼料を有機栽培する必要もあって農家にとっては大きな負担となっている。しかし、消費者の「エコロジカル食品」需要が年々増加してきたため、この傾向を踏まえて有機農法への転換を図った農場がデンマーク全土に数多くある。

鼻を鳴らして元気よく走り寄ってくる豚たちは、見慣れない乗り物でやって来た私たちに興味津々のようで、一頭ずつ交代に挨拶をしようと鼻をこちらに突き出してくる。彼らは晴天の空の下で気分がよさそうに見える。心身ともに健康そうな彼らを見ていると、家畜を屋外で飼育する

（1）Danmarks Naturfredningsforening：九〇年の歴史のある自然保護協会。政府および自治体に働きかけて自然保護に貢献。

ことがどれほど動物にとって幸せなものかが分かる。

豚たちに挨拶をし終えてから、農場の建物の一角にある小さなエコロジカル食品店をのぞいてみることにした。この店の持ち主は、外で元気よく走り回っている豚たちの飼い主である。店舗内には木の香りが漂い、棚の上にはたくさんの商品が並んでいる。床に設置してある冷凍庫にはエコロジカルな食肉が入っていた。ここでは、主に農場でとれた野菜や卵、食肉を販売しているのであるが、エコロジカルなハチミツやキャンディなど、ほかの農場や健康食品会社の商品も少し置いてある。有機農法で育てられた羊の毛を編んだ乳幼児や幼児向けの衣服は、この農場の奥さんの手編みである。柔らかい手編みの小さなセーターがとても可愛らしいので、私はそれを友達の出産のプレゼントとして買い

昔のままの古い家

求めた。

明るい青空の下に出ると、先ほどの豚たちが遊んでくれるものとばかりに、私たちを待ち構えていた。無邪気な友達にさようならをして、私たちは農場を後にしたのである。

ランゲラン島の緑の道はどこまでも続いている。私たちは、美しい景色の所では自転車を止めて写真を撮ったり、大きな鳥が森の上空を飛んでいれば双眼鏡を取り出してその様子をうかがってみたりした。こうして楽しみながらゆっくり走っているうちに、フェリーの港があるスポッツビアに昼過ぎに到着した。タカコさんにいただいたおにぎりは海の上で食べようと、楽しみにしながらフェリーを待っていた。

スポッツビアからランゲランベルト海峡を渡ってロラン島のトアスに着くフェリーは一時間ごとに航行していて、ランゲラン島に住む人々にとっては日常の足となっている。そして、フェリーには自家用車や自転車も乗せることができるので、週末の家族旅行などにフェリーを利用する人々も多い。私たちの乗るフェリーには、自転車旅行中の父子がいた。ヘルメットをかぶっている男の子はフェリーに乗り込むのが待ちきれない様子で、自転車をまたいだまま桟橋の前に立っている。お父さんの自転車には二人分の荷物が積んであるので、男の子の方は小さな自転車を一所懸命こぐだけである。「彼らはどこから来てどこまで行くのだろう」と考えながら男の子を見ていると、彼も自転車旅行中の私たちに興味があるのか、私たちの自転車の近くまで寄ってきたりする。長い道のりをお父さんと一緒に走ったという思い出は、きっといつまでも彼の心に残ることだろう。

フェリーがロラン島から到着し、私たちも彼ら父子とほかの待合客とともにフェリーに乗り込んだ。船内にはすでにたくさんの乗客がいて、それぞれに居心地のよい場所を探したり、売店で飲み物を求めていたりする。私たちは、甲板に出て海上の景色を楽しむことにした。リズミカルに揺れる波頭に、太陽の光が映って小さな輝きになっている。真っ青な空を抜けてきらめく太陽の光は暖かく、甲板で海の上の新鮮な空気を受けていると心の底から幸せな気分になれる。シェラン島からフュン島にかかるストアベルト橋が開通するまでは、ここで見るのと同じような風景を眺めていたのだと、私はぼんやり思い出していた。

ロラン島行きのフェリー

どこまでも続く平らな道

「フェリーでロラン島に渡ったら、鉄道の駅まで走ってそこから電車に乗ろう」とフーバートが言うので、私は港のあるトアスから鉄道の通っている街のナクスコウまで自転車で走り、ナクスコウの駅から列車でコペンハーゲンに戻るのだと思い込んでいた。フェリーを降りてから三〇分も走らないうちに「狐の嫁入り」のような雨が降り出して、それでもびっしょり濡れる前にナクスコウに着いた。晴れ間が見えているのですぐに止むのだろうと私たちは考えて、雨宿りを兼ねて休憩することにした。

街の中心では商店が日曜日なので閉まっていて、ときどき自転車で通りかかる人がいるだけでしんと静まり返っている。一軒だけパン屋が開いていて、コーヒーや紅茶などとともにパンやケーキを食べることのできる喫茶室に人影がある。デンマークの地方都市における、日曜日の昼下がりでは典型的な風景である。私たちはそこでケーキと飲み物を買い求め、喫茶室でそれを食べながら雨が止むのを待つことにした。

古い建物が集まっているナクスコウの中心街全体を古い姿のままに保存する計画が、一九九二年からナクスコウ・コムーネで進められている。パン屋の喫茶室から窓越しに見える建物の外観は修理され、外壁の色も塗り直されていて、街全体が新鮮な印象を醸し出している。しかし、それに不釣り合いなほど人通りが少なく、人々の姿には意気消沈したような雰囲気が漂っている。大きな砂糖工場が閉鎖した後、ナクスコウの失業率は上昇したままであるというが、それが理由でこの街には活気がないのだろうか。

閑散とした街で雨に降られて、悲しいような情けないような気分でフーバートも私も口数少なく座っていたが、しばらくすると晴れ間が広がってきた。「今のうちだ」とばかりに私たちはパン屋を出て再び自転車に乗って走り出すと、雨は止んで美しい晴天となった。

ロラン島は、日本の稲作地帯のように平らである。広がる畑のなかに伸びている一本の道は、まるで空まで続いているかのようだ。私たちはナクスコウからロラン島のほぼ中心にあるマリボへ向かって走り出していた。

ロラン島は一五世紀半ばにはサクスキュビンの街に宮廷が置かれていたなど、歴史的に貴重な街がいくつもあるのだが、その当時の建造物で今日まで残されているものは数少ない。一四八一年から一五一三年まで王位に就いていたハンス王（一四五五～一五一三）はロラン島に城を所有していたが、北岸にあったラウンスボー城は土台だけが残り、そしてナクスコウ近隣のエンゲルスボー城は遺跡となっており、建物は残っていない。スウェーデンやドイツとの数々の戦争の間に島が攻撃されて、多くの建造物が破壊されたのである。ナクスコウの北東に位置するペーダーストロップという場所には一四世紀の宿屋が戦禍を免がれて残り、現在、当時の様子を伝える建物として一般に公開されている。

ナクスコウからマリボへ向かう途上に見られるハルステッドにある修道院は、ロラン島の中世の時代を知る足掛りとなる場所である。しかし、修道院は一五一〇年に火災によって消失し、現在残る最古の部分は修道院本館で、これは一五九一年に再建されたものである。自転車を走らせながらも、数百年を経た重厚な建物は言いようのない魅力で、私の気を引くのである。

数軒の家並みのある小さな集落が見えてきて、「ストックマーケ」という集落名の表示を通りすぎると、周囲は雪が降った後のように真っ白になっている。どうやら、私たちがトアスからナクスコウへ向かっているときに遭った雨を降らせた雲は、この街の上空では冷たくなってみぞれを降らせたらしい。それにしても、この集落周囲だけにみぞれが降ったというのは、いかにも天気の変わりやすいデンマークらしい。不思議な天気に首をかしげていた私たちであるが、しばらく走っているうちに自然がいたずらをしたような気になってきて、思わず顔を見合わせて微笑んだ。

青空と緑の大地の間に続く道を私たちはさらに走り続けると、やがて畑が少なくなり住宅地になってきた。煉瓦造りの小さな家の間にガラス張りのショーウィンドーの商店が増えて、道が少し広くなるとそこはマリボの街であった。

中心街は商店が通りの両側に軒を連ねていて、普段は多くの買い物客が来ているのだろう。シンプルな低層の建物が調和して、日本の旧街道沿いの古い商店街のようなひなびた美しさが感じられる。ランゲラン島のベイエンコップを朝出てから、途中でフェリーに乗ったり、雨のなかを走ったりしながらさまざまな景色を見てきたが、夕刻になって着いたマリボの街にはレリーフの付けられた白い壁の建物と噴水があり、まったく異質の文化が感じられて意表をつかれたような気分であった。

マリボは『理想主義』、『言葉』、『るつぼに座って』などを著したデンマーク人作家で牧師であったカイ・ムンク（一八九八～一九四四。ゲシュタポによって殺害された）が「この世にマリボより美しい場所はない」と語ったほどで、湖と森の自然と中世からの建物が調和した穏やかで潤いのある街である。この街の歴史は、修道院が築かれた一五世紀から始まっている。湖と森を一望できる地に大きな修道院が建てられて、近隣や遠くの街からも多くの人々が修道院を訪ねてやって来て、マリボの街は賑わった。現在のマリボの大聖堂はその修道院の教会で、一四七〇年に築かれた当時のままの姿を残している。やがて使われなくなって、取り壊されていた修道院の建物跡は近年発掘されて遺跡として残されている。自転車を降りて、水と緑の美しいマリボの街の風景を心に焼き付けてから、私たちはファルスター島へ向けて走り始めた。

ロラン島の道は、マリボからその昔には宮廷があったサクソキュビンに続いている。このあたりで土地はさらに平らになり、遠くには風力発電機が数機あって、羽がゆっくり回っているのがよく見える。そして、真っすぐな道の先には、サクソキュビンにある教会の背の高い塔が見える。サクソキュビンは、古い街並みのままの、レンガ造りの建物と敷石の通りが残っている。その街の外には、遠くからでも目を引く珍妙な大きな建物がある。デンマークでは初期のポストモダン建築であるといわれている貯水槽である。古い街並みの厳格な印象とは対象的に、こちらの方は大きな笑顔が描かれていて、街を通る人々にユーモアをふりまいている。

一五八六年に築かれたというルネサンス様式の豪邸の傍を通りすぎると、ファルスター島へ渡る橋の架かっている海岸の街のグルボーまではわずかである。グルボーはリンゴの産地としてデンマーク国内では知られているだけあって、郊外にはリンゴや梨の果樹園が広がっている。寒冷な気候のデンマークでは、たわわに実ったリンゴの樹を個人の住宅の庭で見るのも一般的である。

デンマーク産のリンゴは小ぶりで甘酸っぱい。赤くて小さなリンゴを、デンマーク人はキュッ

平らな土地

キュと手で磨いて丸かじりするのである。庭でたくさんとれると、アップルパイやリンゴのムースをつくったりする。デンマークの伝統的なデザートのなかには「りんごケーキ」と呼ばれるものがあり、これはリンゴのムースを使ったスプーンで食べるお菓子である。

グルボーの橋の袂で夕食にしようということになり、通り沿いの小さなスーパーマーケットで買い出しとなった。そして、パンやチーズ、果物や飲料水などの入ったビニール袋を下げて走り始めた。ロラン島とファルスター島の間にあるグルボー海峡の手前で丘となり、坂を上り切ると海峡の静かで穏やかな水面と対岸のファルスター島、そして海峡に架かる優雅な形の橋がつくる、美しい風景が見えた。ロラン島側の橋の袂にはヨットハーバーがあり、たくさんのヨットやクルーザーが停泊している。ファルスター島側の岸には、釣り人の姿がちらほら見えている。フーバートと私は橋を渡り、まだ十分明るい空の下、ファルスター島の浜辺で簡単な夕食をとることにした。

ロラン島もファルスター島も、バルト海をはさんでドイツと向かい合っている。この南岸に大きな港や工業地帯がある。ファルスター島の南部にあるゲーサー岬はバルト海に大きく突き出していて、デンマークの最南端になっている。五年ほど前まであったコペンハーゲン発ベルリン行きの夜行列車は、この岬でフェリーに積まれてバルト海の対岸にあるドイツへ渡ったのである。ベルリン行きの列車がなくなった今でも、コペンハーゲンからの列車がゲーサー岬まで走っている。

　私たちが通ったロラン島とファルスター島のルートは、どちらも平らな地形にあるのどかな農村風景のなかを走っていた。ランゲラン島を朝出発してから長い道のりを走ってきたが、グルボーの橋まで来ると、ファルスター島の北西部約一〇キロメートルを越えてしまえば、コペンハーゲンのあるシェラン島が迫っているのである。

　ファルスター島とシェラン島の間にあるストアストローメンという海峡は、一九三〇年代までフェリーが航行していた。その後は鉄道と車両が通ることのできる、長さ三二〇〇メートルの橋によって結ばれている。海峡に近づくと、西の空に傾いた赤い夕日が大きなストアストローメン橋を照らし出して、遠くからでも橋の影がくっきりと見えている。あの橋を越えたらシェラン島だと思うと、コペンハーゲンの我が家に近づいたという実感がしてくる。

　橋に近づくと、海面から遥か高い所に、鉄道と車両の橋が平行して架かっていて、たくさんの車が往来しているのがはっきりと見える。鉄骨の頑丈な構造の橋のようで、橋ごと落ちることはなさそうだが、周囲の大きな自然に対して橋はあまりにも貧弱に見える。いよいよ橋の上に上りつめて海の上の大きな空間のなかを走り出すと、車両が路面のつなぎ目を通るたびにガタンゴトンと揺れ、自転車が滑って転ぶのではないかと緊張してしまう。車道の左脇に二方向共通の自転車道が設備されているのだが、橋の欄干に迫っていて、幅も狭く、等間隔に立っている橋の柱を避けながら走らなければならない。今、太陽は世界をオレンジ色に染めながら水平線に沈もうとしている。美しい風景のなかに吸い込まれないように、私は前方へ集中して自転車を走らせた。

ストアストローメン橋は、シェラン島の沿岸にあるマスネズ島に架かっている。海上の三・二キロメートルを走り終えて小さなマスネズ島に降りると、シェラン島南岸のヴォーディンボーの街がよく見えるようになった。デンマークのほかの街と同じように、住宅の赤い瓦屋根が集まっているのが中心街である。中心街に向かっていく途中の入り江にキャンプ場とヨットハーバーがあり、寄港しているヨットがたくさんある。「ここならシャワーとトイレがあるなぁ」ということで、星空の下で一泊することになった。

シェラン島南東部を探索

前夜はシャワーを浴びて、小さなテントを張って寝袋に潜り込むとすぐに眠ってしまったので、いつもより早く目が覚めた。七時をすぎると近隣の住民がジョギングしたり、犬の散歩をしたりしながら岸辺を通りすぎる。曇り空で湿気の多い朝である。ヨットで一晩を過ごした人々がまだ眠っている間に、私たちは出発することにした。

ヴォーディンボーには、一一五七年から一一八二年まで王位に就いていたヴァルデマー大王（一一三一～一一八二）が築いたヴォーチン城がある。その後、ヴァルデマー四世（一三二〇？

～一三七五）は一三〇〇年代半ばに城を拡張し、煉瓦の壁を城の周りに築いている。しかし、城内で血を流すような争いが起きた後、ヴァルデマー四世はヴォーチン城を離れ、城は廃虚となった。現在でも城の周囲に築かれた高い壁が残っているほか、城の建物の八つあった塔のうちの一つが残っている。敷地には芝が敷かれ、花壇が造られていて、平和な今の様子から昔の残虐な事件を想像することはできない。大きな城が立っていた跡の一部には、シェラン島南部の歴史を紹介する博物館がある。

今まで私たちの通ってきたランゲラン島やロラン、ファルスター島とは異なって、シェラン島南部の大きな通りは交通量が多く殺風景で、観光気分の自転車旅行には向かないようである。そこで、私たちはヴォーディンボーからサイクリングマップ上に、デンマーク全国をつなぐ自転車旅行ルートの九番として記されたルートをとることにした。このルートは、集落から集落をつなぐ古い道をたどっている。畑の間や森の傍をくねりながら続いている。昔からそこにある家屋の軒先を通ったり、並木になっている樹木の葉の下をくぐり抜けたりと、変化があって楽しいコースとなっている。

自転車旅行ルートから外れないように地図と照らし合わせながら走っていたのだが、案の定、私たちはルートから外れてしまって気がつくと繁った藪のなかを行くデコボコの道を走っていた。藪は広い範囲に及んでいて、たくさんの蝶がヒラヒラと飛んでいたり、さまざまな鳥のさえずりが聞こえてきたりする。とりあえず、案内板の所までということでガタゴト走っていると、フーバートは「この場所に覚えがある」と言い出した。軍隊の訓練で来たことがあるというのだ。

デンマークには陸海空軍があり、NATO軍と国連軍に協力している。一九歳の男子は兵役の対象となっており、身体検査の後、一年弱の兵役に就く。大学進学を決定している者は兵役の対象外となるほか、身体検査で対象外となる者も多く、デンマーク人男性のすべてが兵役に就くというわけではない。フーバートは、王室の居城であるアマリエンボーや別荘のフレデンスボーの護衛、そしてコペンハーゲンの砦の門番である衛兵として任務に就いたのだそうだ。

彼は同じく衛兵として選ばれた若者と一緒にシェラン島南部の練習場で訓練を受けたのだが、どうやら、それはこの場所であったらしい。

「地雷があるかもしれない」と冗談まじりにフーバートは私を脅かすのだが、それにしても射

衛兵の交代式

撃訓練などされてはたまらないので、急いで藪の外側に出る道を探した。
藪の外は、数百メートル舗装された道を走ると普通の田舎道につながっていた。コペンハーゲンに戻りながら立ち寄ろうと考えていたプレストウという街へ続いていることを示す案内板があり、その道をたどるうちに私たちは再び自転車旅行ルートに戻ったようだ。

この日は朝から雲が厚かったのだが、私たちがプレストウの隣り街まで来たときに、とうとう雷と大粒の雨となった。私たちは農村地帯を走っていて雨宿りをする場所もなく、すでにすっかり濡れてしまっていたが、バス停の待合所があったので雨が小降りになるのをそこで待つことにした。

プレストウは、シェラン島東海岸の古い街である。一三二一年に商業の街として指定され、街を見渡す丘の上に立つ教会は中世に築かれたものである。日本の東海大学はプレストウに寄宿制の高校を置いている。東海大学の設立者である松前重義氏は、若いころコペンハーゲン大学に留学したときに、デンマークのフォルケホイスコーレ（国民高等学校）という人格形成を重要視した寄宿制の成人教育に感動し、のちに東海大学を設立してからもデンマークに学術センターを設置するほかに、寄宿制の高校を開校したのである。

雨は小降りになったもののまだ降り続いているし、私たちは頭から爪先までずぶ濡れであった。どこか暖かい所へ移動しようというのでプレストウの教会を訪ねることになった。丘の上に立つ教会の大きな重い木の扉を開くと、静かな神聖な空気が私たちを迎え入れてくれた。教会の内部には、帆船の模型がいくつも飾られている。デンマークの海岸の街にある教会に船の模型が飾られているのは一般的なことである。たくさんの島と半島からなるデンマークは、昔も今も海運の国である。港から出帆する船と船員の安全を願うために、教会で祈る人々が数多くいたのに違いない。そして、こうした人々が船の模型を教会に捧げたのである。シェラン島の南東部の海岸にあるプレストウでも、沖に出て働く人々の無事を祈る家族や友人が昔から今もなお教会に訪れているのだろう。

雨はさらに降り続いていて、私たちと同じように雨宿りのために教会の屋根を借りに来た人々がいた。「にわか雨だけれども、三〇分くらいは止まないよ」と地元の人に言われて、濡れてかじかんでいた身体が暖まるまで教会でゆっくり待つことにした。窓の外が少し明るくなると、私たちより後から来た人々は小雨になったからと家路に就いていった。最後に教会に残った私たちが屋外に出たときには、にわか雨はすっかり通りすぎていた。

プレストウから私たちは自転車旅行ルートの九番に戻り、雨上がりの道を首都圏電車の終点であるクーエまで自転車で走ることになった。所々、大きな樹木の枝が道の上に覆い被さっていて、少し切れてきた雲の間から射し込む日光が若緑の葉を透かしたり、輝かせたりしている。この道は、交通手段が歩くか馬に乗るかしかなかったころに造られている。道の途中には、農家の住居や樹木がその当時のまま残っていて、農村の大きな風景を美しく演出している。一帯は見渡すかぎり穀類の畑と牧草地になっていて、数キロメートル離れた所を走る車両が見えている。このあたりで大きな街はファクセといって、地ビールの醸造工場が知られている。

デンマークにはかつて各地に地ビールの醸造所があったのだが、ここにあるファクセ・ビール醸造所はそのうちの一つである。現在のファクセ・ビールでは、ビールのほかに炭酸飲料水も生産しているが、何よりも特徴的なのは、デンマーク全土で唯一ペットボトルの洗浄を行っていることである。デンマークでは、炭酸飲料水のペットボトルをデポジット制によって回収して再利用しているのだが、その回収されたペットボトルはファクセ・ビールの工場内で洗浄されているのである。スーパーマーケットなど小売店で回収されたペットボトルは、コーラ、ジュース、ミネラルウォーターなどの種類ごとに仕分けされ、ファクセ・ビールの工場へ送られてくる。ボトル洗浄機のコンベアには同じ形のペットボトルが仲良く並んで送り出され、洗浄装置へ運び込まれる。もちろん、傷や汚れのあるボトルはコンベアから外されて、清潔なボトルだけが再利用されている。コンピュータ制御された機械は毎日八時間稼働し、デンマーク全国で利用されるペットボトルを洗浄しているのである。

私たちの走っている通りの風景は農村から住宅地となり、やがて集合住宅群も見られるようになって、クーエの街がもう近い所まで来ていた。コペンハーゲンの南側にあたる海岸沿いには工場が立ち並び、私たちが目指すクーエには化学薬品や製材所などの工場がある。それでも、工場地帯の間には海水浴場やヨットハーバー、キャンプ場などレクリエーション施設があって、地元の人々だけでなくコペンハーゲン市民も憩の場として利用している。広い浜辺に打ち上げる海水は澄んでいて、さまざまな種類の水鳥がやって来ることが知られている。

プレストウで雨に降られた私たちの衣服はまだ湿っていて、靴のなかは濡れたままであったけれども、寒さで凍えることもなく、首都圏を走る「エス・トウ（S-tog）」と呼ばれる路線の始発駅であるクーエ駅にたどり着いた。電車に乗り込んで乾いた衣服に着替え、出発を待っている間に目を閉じると、今まで走ってきた途上で見た風景が次々と浮かんできた。列車や車など高速で走るのではなく、自分の力でゆっくり進む自転車からでは、地域ごとに異なる景色の美しさを堪能することができる。そして、行く先々では地元の人々が私たちを温かく励ましてくれたのである。

電車が発車するとフーバートが、「ツーリング途中で靴が濡れてしまったら、足から体が冷えてしまって僕達は風邪をひいてしまうぞ。雨が降っても足が濡れないような対策を考えないといけないな」と、次回のツーリングを考え始めている。雨にも負けず、風にも負けずに自転車をこぎ続ける体力と精神力が、バイキングの子孫であるデンマーク人には宿っているらしい。ロラン島のナクスコウで「駅まで走って列車に乗ろう」と彼が言ったことを、私は近くの駅まで走るだけだと考えていたのだけれど、それはエス・トウの駅まで走ることを指していたのである。おかげで、ロラン島とファルスター島、そしてシェラン島南部を探索することができた。

第4章

ボーンホルム島での休暇

東西の狭間にあって

「バルト海の真珠」と呼ばれているボーンホルム島は、デンマークの首都コペンハーゲンから東へ海上約一五〇キロメートル沖、そしてスウェーデンの南沖に位置している。人々の話す言葉はデンマーク語でありながら、スウェーデン語のような抑揚がある。島の総面積は約五八八平方キロメートルで、デンマークの領土を構成する数多くの島々のうちでは五番目に大きい。愛称の由縁は、デンマークのほかの地域に比較すると温暖な気候で、風土や生息する動植物の相違があり、少しばかり異国の雰囲気が感じられるからである。

ボーンホルム島までは、コペンハーゲンから毎晩フェリーが運行している。深夜にコペンハーゲン港を出航して早朝にボーンホルムのルンネ港に着く。コペンハーゲンの夜景と星空を眺めながら床に就き、朝焼けで目覚めるとボーンホルムの姿が間近に見えているのである。のんびりしたフェリーの旅のほかに、都市間を結ぶ特急列車であるインターシティの「IC3（Inter City 3）」や自家用車でウアスン海峡を越えて、スウェーデンのユスタッドから高速フェリーでルンネ港に渡ることもできる。インターシティを利用すると、コペンハーゲンからルンネまで三時間ばかりの便利で早い旅である。

緑が吹き出し、森にも庭にも色とりどりのさまざまな種類の花が一斉に咲き始めた初夏に、フーバートのお母さんであるビアギットと彼女の旦那さんであるフリッツがボーンホルム島に所有している別荘にフーバートと私も訪ねることになった。デンマークの子どもたちは、片親が亡くなったり、両親が離婚したりした後に、実の父母が再婚した場合、その再婚相手は彼らの父母ではないと考えてそれぞれの名前で呼んでいる。フーバートも「お父さん」と呼ぶのは彼が小さいときに亡くなった実のお父さんだけで、彼のお母さんの現在の旦那さんは母の夫なので、「フリッツ」と名前で呼んでいる。また、舅や姑も「お父さん」や「お母さん」ではなく、それぞれの名前で呼ぶのがデンマークの慣習である。フーバートと私はコペンハーゲン港から出航するフェリーに自転車ごと乗り込み、前日に車でユスタッドを経由してボーンホルム島に向かったビアギットとフリッツの後を追いかけたのである。

星空のコペンハーゲン港で出発を待つフェリーの船底に自転車を持って入ると、係員がロープを渡してくれた。航行中に自転車が動かないようにこれで壁際の手すりに自転車を縛り付けるのである。私たちのほかにも、家族旅行やクラス旅行の児童が自転車を持ち込んできている。ボーンホルム島の自然を訪ねる自転車旅行は、よく知られたものなのである。

深夜に出航するフェリーの船内は、寝台の部屋とソファの並んだラウンジがあるほかにレストランやバーもあって、大きな宿泊施設のように造られている。すでにたくさんの人々でいっぱいで、これには少々驚かされた。私たちは寝る場所を探したが、寝台もラウンジも学校の旅行のために貸し切りで、私たち二人だけの隙間も見つからず、仕方なく屋外のデッキで星空を眺めながら寝ようということになった。デッキでは団体旅行のティーンエィジャーたちが出航まで騒いでいたが、やがて空気が冷たくなると彼らは三々五々室内に入っていった。すでに、ティーンエィジャーたちの騒ぎも気に留めず、寝袋に潜り込んで寝入った人々もいる。フェリーがウアスン海峡からバルト海に出ると、海岸沿いの灯りが遠くなってデッキの上は暗くなり、闇のなかに波の音だけが聞こえるようになった。私たちも持ってきた寝袋を広げて潜り込んだ。澄んだ夜空には天の川が見えていた。

西暦約八〇〇年に、アングロサクソンの船乗りがバルト海航行中にボーンホルム島を訪れている。彼は本国に帰ると、すでにボーンホルムには島を統括する王が存在しているとイギリス国王に伝えている。北方にスウェーデン、南方にはドイツとポーランドの各国を沖の彼方に見据え、バルト海にポツンと浮かぶボーンホルム島は、古代から周辺各国の陣取り合戦の舞台となってきた。ドイツ北部の西スラブ人とリューベック人がボーンホルム獲得を巡ってデンマークと戦ったり、スウェーデンは四〇〇年以上もの間、ボーンホルム島を狙っていた。

西暦約一〇〇〇年ごろにデンマーク国王が現在のデンマークの領土を統一すると、ボーンホルム島はスウェーデン南部のスコーネ地方とともにデンマーク領土として統合された。しかし、一一〇〇年代にスコーネ地方のルンドにいた大司教は、ボーンホルムの北西の海岸に「ハンマースフース」と呼ばれる城を築き、島内での権力を握ってデンマーク国王に刃向かったのである。この時代には海上から襲ってくる海賊や敵を撃退し、女性や子どもをかくまうための、見張りをする小さな窓が三六〇度に付けられた円筒型の教会がボーンホルムの四ヵ所に築かれている。これらは当時の国王が造らせたのだとか、また司教が造らせたのだとかという説があるのだが、建設当時の資料が発見されていないため、誰がどのような目的のために教会を円型に築いたのかは明らかになっていない。現在でも、数多くの研究家が最新の技術を用いて事実の解明に努めている。

一三六〇年には、国王と大司教の間にボーンホルム島の統治をかけた権力闘争があった。その結果、司教は勝利を得て、デンマーク国王はルンドの大司教にボーンホルム島の統治権を譲っている。のちの一五〇〇年代に国王はボーンホルム島の統治権奪回を図り、ドイツ北部のリ

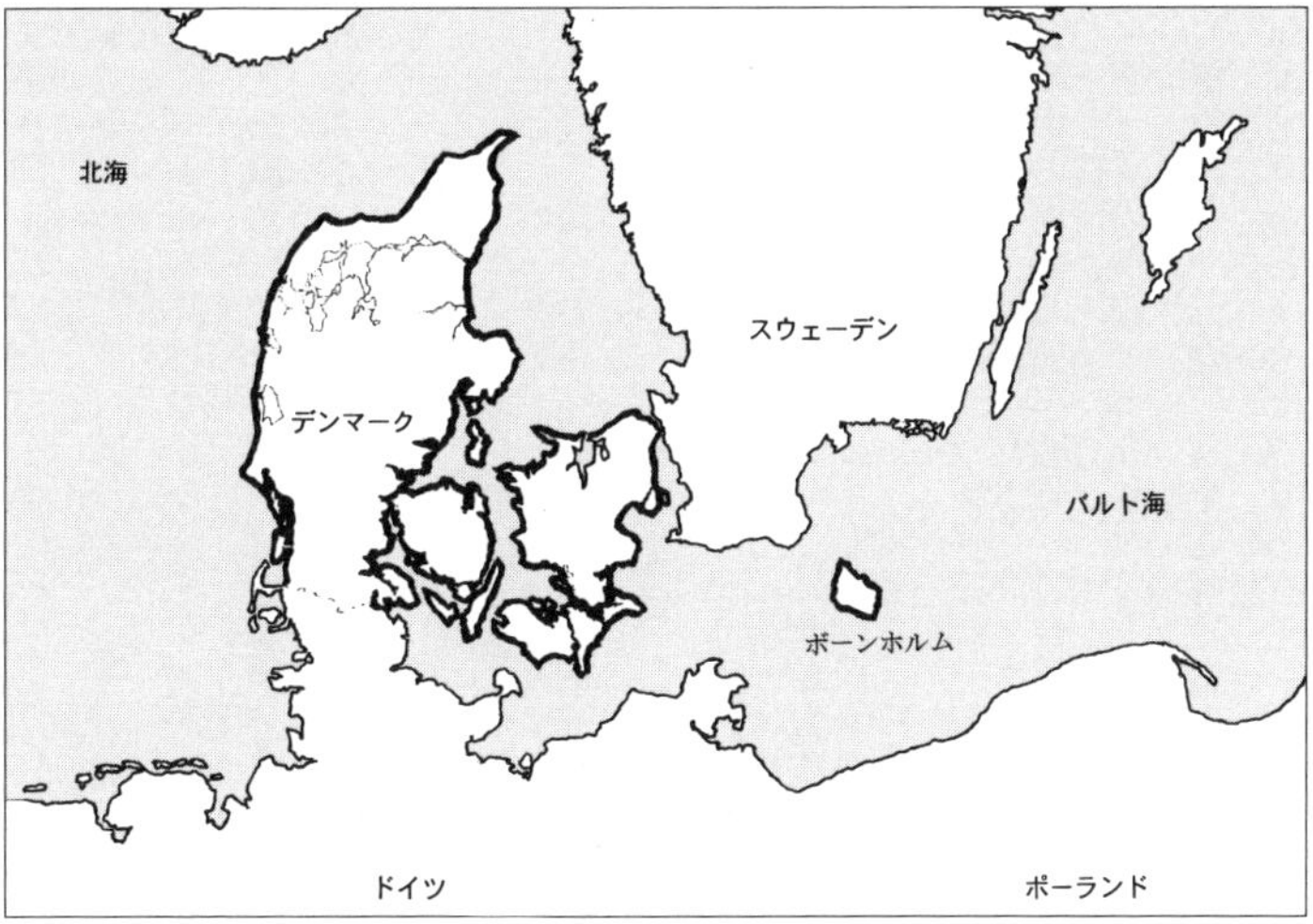

バルト海に浮かぶボーンホルム島

ユーベックから応援軍を得て勝利を収めた。デンマーク国王は、助力を得た感謝の印に一五二五年から一五七五年の間のボーンホルム島の統治権をリューベック人に譲ったが、一五七六年にデンマーク国王に統治権が戻ると、その後しばらくボーンホルム島は平和な時代を過ごしている。

しかし、一六五八年にデンマークがスウェーデンとの戦争に敗れて、スカンジナビア半島南部のスコーネとブレキングを失うと、ボーンホルム島もスウェーデン王国の支配下となった。スウェーデン国王はボーンホルム島の住民に高い税金と三五〇人の兵隊を課したが、島の住民はこれに反対して立ち上がり、一揆となった。島民たちによってスウェーデン軍司令官はルンネの街中で殺害され、さらにボーンホルム島における権力の象徴であってスウェーデン国王が滞在に利用していたハンマーフースは破壊されたのである。一揆の三年後の一六六〇年に、島民はボーンホルム島をデンマーク国王の領土として献上したが、この代わりに島民は、経済的および軍事的な保護を受けることになった。そして、デンマーク王国への復帰以降は、ボーンホルム島はデンマーク領土の東端の砦となってきたのである。

しかし、海からだけでなく空から敵が襲ってくるようになった近代の戦争でも、ボーンホルム島は他国の占領を再度経験している。第二次世界大戦中の一九四〇年四月一〇日、ボーンホルム島はデンマークのほかの地域に一日遅れてナチス・ドイツの占領下となった。ドイツ軍は潜水艦の訓練と軍の余暇のためにボーンホルム島を利用していたが、一九四五年三月に戦況が悪化すると、ボーンホルム島は在デンマーク・ドイツ人の帰国中継所となったのである。そのころ、ドイツ行きの船が出航するルンネの街には一〇〇〇人以上のドイツ人が滞在していた。

一九四五年五月四日にドイツ軍がデンマークから撤退し、デンマークはナチス・ドイツの占領から解放され終戦を向かえたが、ボーンホルム島には依然としてドイツ軍が滞在し続け、占領状態からは解かれなかった。これは、連合国の第二次世界大戦後の処理に関する話し合いにおいてボーンホルム島が忘れられていたために、ドイツ人の本国帰国のための拠点としてドイツ軍の駐留が続いたためであった。デンマークの戦後処理を担うことになっていたイギリスは、五月五日、この事態を知ってボーンホルム島のドイツ軍撤退のためにイギリス軍を送るように、ヨーロッパ全体の戦後処理を統括していたアメリカのアイゼンハウワー将軍に提案している。しかし、バルト海にあってソ連の領域に近い島に触れることにはアイゼンハウワー将軍は関心がなく、提案に対する答えをイギリスが受け取ったのは五月一〇日のことで、しかもそれは「ソ連軍がボーンホルムに圧力をかけ、ドイツ軍は九日に撤退した」と告げるものであった。

事実は、五月七日にソ連軍機がボーンホルム島の最大の街ルンネとドイツ軍の軍艦が寄港していたネクスウに飛来して街を爆撃し、ドイツ軍に降伏を迫る言葉を記した板を落としていったのである。この爆撃は地元の人々にも大きな被害をもたらし、ルンネでは一〇人が死亡、三五人が負傷し、街にあった三四〇〇軒の建物のうち、被害を免れたのは四〇〇軒にすぎなかった。ネクスウの街では人口九五九人のうち約七〇〇人が負傷し、一二八戸の家が破壊されたのである。

五月九日にソ連軍は、約一七〇人の兵隊を高速船でルンネ港に送り届けている。それ以後もソ連軍はボーンホルム島に軍隊を送り込んだため、撤退したドイツ軍に代わってソ連軍の占領が続いたのである。ボーンホルム島に駐留したソ連軍兵士は、もっとも多いときには七七〇〇人ほどにも及んでいた。ドイツ軍に占拠されていたルンネの街の古いホテルでは、ボーンホルムのデンマーク人女性がソ連軍兵士に給仕をしたが、ロシア語しか話せない兵士とは言葉を交すことがなく、解放の喜びも目と目で祝ったのだという。

世界のどこの国においても他国の軍隊の駐留中には兵士と地元女性のロマンスが生まれるものだが、ボーンホルム島ではソ連軍兵士とデンマーク人女性の個人的な交流はまったく起こらなかった。これは、常に酒場にたまり、ロシア語しか話さないソ連軍兵士にデンマーク人女性は恐怖感を覚えるだけで、彼らに近づこうとしなかったからである。ボーンホルム島に駐留したソ連軍兵士は、学校の理科室に侵入して実験用のアルコール類を飲み干すほど常に酒を飲んで酔っ払っていて、しかも彼らの覚えたデンマーク語は酒場での注文に使う言葉だけだったのである。

一九四六年初頭にデンマーク政府がソ連軍のボーンホルム島からの撤退を要請すると、一九四六年四月五日、何の問題もなくソ連軍は島から引き揚げている。そして、ボーンホルム島はほかのデンマークの領土から一一ヵ月遅れて軍隊から解放されたのである。

明るい朝の光で目を覚ますと、フェリーは白く輝く波の上を進んでいた。日本からではシベリアを越えてロシアの向こうにあるバルト海は冷たく厳しいと想像していたが、今、目にしている波は静かで穏やかである。前方にだけ陸地が見えており、これがボーンホルム島である。遠目に見るその島は緑の丘のようである。農業や漁業と観光業が島の主な産業で、島の自然を守ることはボーンホルム島の産業にとっても重要になっている。もとは夏を過ごす別荘地を求めたデンマーク人が多くいたが、今では美しい自然を求めて移り住んだ陶芸やガラス工芸の作家たちの工房が増えている。そして、最近では国土の北岸だけにしか海辺のないドイツから、たくさんの人々が海に囲まれたボーンホルム島で休暇を過ごすためにやって来る。

陸地が迫ってくると、ルンネ港に間もなく到着するという船内アナウンスがあり、私たちは荷物を持って船底に戻り、自転車をつなぎ留めていたロープを外して出発の準備をした。ほかの自転車旅行者もそれぞれの自転車に掛かったロープを外しているし、駐車してある車両にもドライバーが戻ってきている。フェリーが港に到着し、出口が開いて船底に明るい光が入ってくると、私たちはエンジンをかけ始めた車両の間をすり抜けて一番最初に陸地上がった。朝六時半の冷たい空気のなかに、港には出迎えの人々がたくさん集まっていた。

白砂の浜辺へ

東西に長い菱形をしたボーンホルム島の南西に位置するルンネから、南海岸沿いに私たちは自転車を走らせた。向かうのは南東の海岸にあるスノウベックである。ルンネ港を出て街を抜けると、島の南岸の防風林のなかを東へ向かう自転車道がある。コペンハーゲンよりも少しばかり暖かいボーンホルム島では、林の樹木はより濃い緑色の葉を付けている。林のなかは夜露の湿気がまだ残っていて、草木の息吹が感じられる。新鮮な空気を吸い込みながら走っていると身体が温まって、寒さと眠気も遠のいていった。自転車道が防風林の外に出て視界が開けると、そこに海岸まで続く広大な平らな土地が現れた。第二次世界大戦中にドイツ軍が築いたルンネ空港である。現在は、国内線の空港として利用されている。早朝のためだろうか飛行機の離着陸はなく、海風にあおられた砂が舞っているだけである。緑のみずみずしい海岸に沿った通りを走ることを私は期待していたので、殺風景な通りには正直いってがっかりしてしまった。

広大な空港を通りすぎると、両手には畑が広がっていた。交差点もなく、枝分かれしていく道もない一本道を、ひたすら朝日に向かって走る続けるのである。大きな起伏があるボーンホルム島は、平らなコペンハーゲンとは地形が大きく異なっている。「スウェーデンには大きな起伏があって、ボーンホルム島に似ている」のだと、フーバートが走りながら教えてくれた。地質学的に見ると、ボーンホルムの地形と地質はスウェーデン南部のものと同様で、隆起した花崗岩の大地である。

大きな坂を上っては下り、また上っては下っても、数キロメートル離れてある農家と、その近くに備えられた定期バスの停留所が見えるだけで、緑の畑がどこまでも続いている。所々に大きな木が二本三本、あるいは五本六本と立っていて、海風に枝が揺れている。ルンネからスノウベックまで約三〇キロメートルの道のりのほぼ半分の所で、私たちは小休止をとることにした。そこはいくつ目かの大きな坂を上って下りた所で、小さな川が流れている。レースオー川というこの川の河口付近は海水浴場になっているから、真夏にはたくさんの人々がここを訪れるのであろう。川のほとりには農家があって、停留所が通り沿いに設置されていた。五月上旬

隆起した花崗岩

では海水浴にはまだ早く、人っ子一人見られない。停留所のベンチに腰掛けて周囲を眺めると、穀類の畑のほかには木立も見えず、大地の起伏が折り重なっているだけである。人里離れた所にいては心細くなるだけなので、私たちは一息つくとまた走り出した。

白砂の浜辺に行くのだといわれてルンネから自転車で走り始めたものの、海岸に沿った通りを走っているのに大きな坂を上ったり下ったりして海辺も見えず、一体どこへ行くのだろうと私は不安になってきた。しかし、残り半分の道のりでは地形が緩やかになっていて、白い砂浜のある海辺に近づいているのだなと感じられた。やがて、塔のある古い教会の白い建物が太陽の光を反射しているのが見えた。ペーダースケアの集落にある教会である。周囲には教会のほかに家屋が見えないが、近隣の農家のために築かれた教会なのであろうと考えると、人の気配が感じられて少しばかり安心した。ペーダースケアから五キロメートルほどの場所にも、また塔のある古い白壁の教会が建っていた。ポウルスケアの集落である。ここでは、土地は日本の米作地帯と同じくらい平らになっている。教会のあたりから農家屋が遠くに見えていて、人々が暮らしていることが分かる。そして、海水浴場や貸別荘などへの道を知らせる看板があり、目的地のスノウベックもすぐそこまで近づいていたのである。

自転車道は海岸の方へ折れていて、私たちもそちらのルートを取ることにした。この道は林のなかを通っていて、右手に白く輝く浜辺と海が見えている。この林は浜辺の北側にあって、砂が風に飛ばされてしまわないように造られた防風林である。広い防風林の一画は別荘地帯となっていて、すでに人々が午前中の散歩を楽しんでいる。シェラン島北部にある別荘地帯と似て静かで落ち着いた雰囲気だが、樹木の葉の間から漏れる陽射しがボーンホルム島では少し暖かくて明るいように思える。この明るい太陽を求めて、デンマークの人々はボーンホルム島での休暇を過ごしにやって来るのだということが、ここに来てみると理解できる。そして、海岸の輝くような日差しから、ボーンホルム島を「バルト海の真珠」と呼びたくなる心情が分かってくる。

ここは、ボーンホルム島の最南端となるドゥーオッドである。白砂の大きく広がる浜辺がよく知られており、ここの白砂は世界でもっとも細かいといわれている。世界一細かいというのはいいすぎなのではないかと思うのだが、確かに小麦粉のように細かい粒の白い砂である。

夏は澄みきった青い空と海を楽しむたくさん

白砂の浜辺

の海水浴客でにぎわう楽園となるのだが、バルト海の向こうにあるポーランドやドイツを威圧するために一九四〇年に築かれた砲台の基礎が白砂の浜には残っている。ナチス・ドイツの占領下となった一九四一年にデンマーク政府は砲台の建設を中止したため、現在残っているのは基礎だけである。

ボーンホルム島だけでなくデンマークの海岸では、第一次および第二次世界大戦中に造られた砲台やその基礎が多く残っている。元の形を想像することもできないほど波に洗われてしまったものがあるかと思えば、何かを載せるために造られたセメントの構造物の形がしっかり残っているものもある。コペンハーゲン近郊のウアスン海峡に面した古い砦には第二次世界大戦中にドイツ軍が大砲を設置したのだが、つい五年ほど前までこの大砲が残されていた。赤い瓦と黄色い煉瓦造りの家屋と緑の畑、牧草地として描かれるのどかなデンマークの風景のなかに戦争の残したものがいくつも隠れているのである。

ドゥーオッドに隣接するスノウベックに、ビアギットとフリッツが持っている別荘はある。スノウベックは元は漁村だが、港の南側にあたるドゥーオッドの浜辺に近い区域は別荘地となっている。防風林に囲まれて、樹木に調和するような木造の別荘が数多く並んでいる。私たちの探していた別荘は、防風林の外側のドゥーオッドの浜辺に近い丘の上にある、別荘地としては古い地区のなかにあった。

デンマーク人は、別荘ではただのんびりと過ごすだけである。浜辺で日光浴や海水浴をしたり、魚釣りをしたり、散歩をしたりして一日を過ごすのである。おいしい地元の食品を賞味したり、森や湖へ出掛けたりもする。そのためか、デンマークの別荘地にある観光名所やレストランで出会う人々はドイツ人であることが多い。ボーンホルム島やユトランド半島の西海岸はドイツからの交通が便利なため、ドイツ人観光客がとくに多く訪れる場所である。レストランや商店、宿屋などでは、デンマーク語とドイツ語を並記している所がほとんどで、また海岸付近ではドイツ人観光客に部屋を貸している別荘も多い。こうした地区では、表通りに「部屋あります」とドイツ語で表記した看板がいくつも立っているのである。スノーベックの港周辺では釣り道具をいっぱいに積んだドイツナンバーの大きな車がデンマークの車両より多いくらいで、土産物屋やレストランの客もドイツ人であることがほとんどである。

ビアギットとフリッツも、別荘をボーンホルム島で休暇を過ごす家族に貸し出している。フリッツは暇を見てはコペンハーゲンからボーンホルム島に渡り、家屋の拡張や修理、メンテナンスなどをしている。もちろん、その合間に魚釣りをしたり、浜辺をランニングしたり、コペンハーゲンとは異なる暮らしをするのである。借り手はやはりドイツ人であることが多く、海辺のスノウベックを気に入った家族が毎年訪れているのだという。

スノウベックは古い漁村である。近代的な現在の港が造られるよりはるか昔、漁夫が浜辺から小さな船を海へ押し出して漁に出掛けたころからの集落である。現在、港の周辺には、ボーンホルム沖でとれるニシンを薫製にする伝統的な炉がまだいくつも残っている。自家製の薫製ニシンを販売するほか、食堂を設けて昼食のメニューとして出している所もある。地元で食べる薫製ニシンは煙の臭みがなく、さっぱりとして大変おいしいものである。しかし、薫製ニシンのほとんどは大きな工場での生産に移行しており、使われなくなった建物はレストランやガラス吹きの工房として改造されて利用されている。

細かい白砂の浜辺は、ドゥーオッドからスノウベックと隣り街のバルカまで続いている。浜に沿った自転車道は、バルカでは湿地帯のなかを通っている。浜辺に隣接した湿地帯は樹木が覆い繁っていて、ここにはたくさんの種類の異なる野鳥が生息しており、保護区になっている。冬には大きなワシやツル、ガンなどがスウェーデンやシベリアから、夏にはツバメやムクドリをはじめさまざまな種類の小鳥が北アフリカや南欧からデンマークに渡ってくる。鳥類の天敵であるキツネやリスなどの小動物が近づきにくい湿地帯を安住の地とする鳥がたくさんいるため、鳥の保護区となっている所が多い。保護区には、高い所からバードウォッチングをするためのやぐらが数ヵ所設けられている。そこからは湿地帯を一望できて、双眼鏡があればさまざまな種類の鳥を観察することができる。バルカの湿地帯は冬の間は立ち入り禁止になっているために、私たちの訪ねた五月上旬ではまだ冬の眠りから覚めたばかりで、四季を通してデンマークに生息しているハクチョウやカモ、海辺のカモメのほかに特別な鳥は見られなかったのが残念である。

海岸線をたどって

ボーンホルム島へ自転車旅行に来る人々は多い。島の中心部にあるアルミニンゲンというデンマークで三番目に大きな森や鳥類の保護区など、自然を探索するのには車よりも自転車が手軽であることは間違いない。観光が島の重要な産業になっているボーンホルム島では、島の海岸に沿ってぐるりと一周できる自転車ルートのほかに、島の中央部にあるアルミニンゲンの森や、その森のなかにある長さ一二キロメートルのエッコダールという谷、あるいは各地にある古い教会などをめぐる自転車ルートがある。

私たちはスノウベックから島の東海岸に沿った自転車ルートをたどって、のんびりと北上した。島の東側では、最大の街ネクスウまで浜や湿地帯を通っていく。海鳥が旋回する空の下、湿地帯の所々で放し飼いにされている羊がのんびりと寝そべっている。初夏の日差しは温かく、浜辺には砂遊びをする子どもたちのほかにジョギングや散歩をする人々がいる。そして、浜辺から見える大きな港街がネクスウである。

ネクスウは一三四六年に商いが許可された街で、ネクスウの港はボーンホルムでは最大の漁港である。港の周囲には、魚肉加工工場やニシンの薫製所が並んでいる。一九四五年のソ連軍による爆撃でほとんどの建物が破壊されたが、戦後の改修で古い街並みを復元したため、煉瓦造りのデンマークの伝統的な建築が見られる。街の中心にある広場は昔通りの石畳で、輪を描くように置かれているベンチに座って見上げると青空にツバメが飛んでいた。

ネクスウを出ると、緑の畑がどこまでも丘を越え、谷を越えて広がっている。海岸沿いの道路の右手は切り立った崖になっていて、その下に砂浜が見える。ボーンホルム島には古代の地殻変動によって大地がひび割れてできた地割れの跡の切り通しや、切り立った崖になっている海岸がある。こうした地形は、氷河が溶けた水が削り出したなめらかな形の土地であるほかのデンマークの地域とはまったく異なる風景をボーンホルム島につくっている。地割れの跡からは清水が湧き出し、雪解け水や雨水とともに岩の間をつたい、ときには流れが大きな岩の上から落ちて滝になっている。

「このあたりに滝があるはずだから見に行こう」とフーバートが言うので、私たちは自転車ルートから外れて森のなかの小道を辿った。小川の流れる谷を渡り、切り通しにへばりつくようにして造られた狭い道を上って森の奥へ進んでいく。大きな樹木の枝が空を覆っていて森のなかは暗く、地面を苔やシダが覆っていて、原始時代に迷い込んだような気がしてくる。数万年前と変わらず同じ位置に同じようにして置かれていた大きな岩で森のなかの大地はできていて、こうした岩を自転車を抱えていくつも越えていくのである。水の落ちる音が近くに聞こえてきてその音の方向に進んでいくと、小川の両側に大きな岩があり、それをよじ上って渡ると流れの音がますます強く聞こえる。先は丘になっていて、自転車を大木の根元に置いて急坂を上ると、水が勢いよく谷間に落ちていた。

デンマークで初めて見る滝である。地層の一部に溜められた水が噴き出して流れている清水は、中世には神聖な場所として祀られていた。岩間から流れ出るこの小さな滝を見ていると、昔の人々の気持ちが何となく理解できるように思える。この滝は特別に祀られていたとは聞いていないが、この森を訪れた人々もこの場所で自然の神秘を感じたに違いない。

滝のある丘をさらに自転車を押して上っていくと、地面が岩から土に変わって平らな場所に出た。そして、自転車に乗って樹木の間の小道を進むと、すぐに森の外に出て、目の前は見渡すかぎり緑の麦畑の丘である。太陽は空に高く、暗い森のなかとは対象的に明るい青空が広がっている。私たちは右も左も分からず、行き先標示のある道路まで麦畑の間を行く農道を走ることにした。やがて丘の下の遠い所に自動車が走っている道路が小さく見えたので、そちらの方向へ丘の尾根に沿って行くと、島の東海岸に沿う通りに出た。そして、一六三四年に建造されたデンマークではもっとも古い風車のあるスヴェーニケの街まではほど近い場所に私たちはいた。

島の北東の端の切り立った海岸の上にある小さな街のスヴェーニケは、一四七五年ごろに商業が許可されてから、ボーンホルム島における商業と漁業の拠点となっていた。しかし、一六〇二年と一六一八年にペストが人々の間に蔓延すると、病原菌を絶つために街は焼き払われ、その焼け跡は数年間放置されたままになっていた。時の国王クリスチャン四世（一五七七〜一六四八）は焼け野原となっていたスヴェーニケ再建の決定を下すと、街に市場を開き、ボーンホルム島の

森のなかの水流をたどって

森のなかの滝

農家に産品をそこへ供給するように命じたのである。そして同時に、クリスチャン四世はスヴェーニケに移住する者は非課税としたため、街に人々が戻ってきたのである。現在のスヴェーニケは、ボーンホルム島の近海でとれる魚の加工工場や薫製所などのある重要な漁業の街となっている。

南のスノウベックから北へ向かってきた海岸沿いの通りは、スヴェーニケで左へ折れて西に向かっている。自転車ルートも、これに沿って島の北岸を通っている。どこまでも広がる青空の下、畑のなかに農家が遠くに見えるだけのルートを辿って私たちは自転車を走らせた。

島の北海岸を走っていると、長い坂を上り詰める少し手前に白壁の家屋があり、大きな文字で「Baltic Sea Glass（バルチック・シー・グラス）」と書いてある。農家屋を改造したガラス工房と、ショールーム兼ショップである。

昼を回って太陽の光がまぶしいくらいの屋外からショールームに入ると、落ち着いた明るさのなかに展示用のハロゲンライトが星のように光っている。静かなショールームには観光で来た人々が数人いて、ガラス作品を見ていた。ショールームの奥は工房になっていて、ガラスを温める炉が三台置いてある。四人の作家が二人一組みで制作中で、二台の炉からの熱で空気が熱く感じられる。リズミカルに手際よく透明で溶けて柔らかいガラスを吹き出したり、回したり、ほかの部分を着けたり色を加えたりして、五分ほどでワイングラスや小さなボウルが出来上がる。こうして、実用的なコップやボウルなどのガラス製品のほかに前衛的なオブジェが制作されている。

ショールーム兼ショップでは訪問客が低い声で話しているが、デンマーク語のほかにドイツ語や英語が聞こえてくる。都会から離れた野中の一軒家である農家屋が実はガラスの工房であり、明るく整然とした内装のショールームとショップになっていることだけでも私の想像の域を大きく越えていたが、そこが海外からの訪問客が訪れる国際的な場所となっているとは、まったくの驚きでしかない。デンマークの陶器やガラス製品の品質の高さを知る人々が、コペンハーゲンだけでなくボーンホルム島にまで足を延ばして、その作品を求めにやって来ているのである。ショップのカウンターでは、ボーンホルム島出身の女性が客人の話す言語にあわせて接客している。自ら陶芸家で、自身の作品を同じ棟にあるもう一つの部屋に展示しているのだという。

私たちは自転車旅行の途中であったので、持ち運びの容易な「ガラス・パール」と呼ばれる首飾りや、腕輪などにする穴のあいた色とりどりのガラス玉を数種類買った。都会的な、シンプルで清潔な印象の空間であるバルチック・シー・グラスのショールームの玄関ドアを開けると、緑の畑が視界のかぎり広がっていた。ボーンホルム島の農村的な田舎の風景を目にすると、自転車を走らせてきたことからの空腹感が湧いてきた。ショールームの白い外壁の傍にピクニックのためのテーブルとベンチが置いてあったので、私たちはこの場所を借りて持参のサンドイッチを口にした。

バルチック・シー・グラスからさらにルートを西に進め、大きな坂を上ったり下ったりしていくと、通りはさらに海岸に寄って右手に青い海が見え始め、私たちは海辺に広がる小さな街に着いた。グッズイェムという、バルト海でとれた魚を取引することで発展してきた商業の街

ガラス作品の制作

である。坂に建てられた赤い瓦の家々が互い違いに見えていて、リズミカルな風景である。自転車ルートにもなっている通りは、街の外側の高い所を走っていて、そこから赤煉瓦の街を見下ろすと海と空の藍を背景にした小さな街の美しさが映えていて、私は思わずカメラのシャッターを切った。

今朝、島の南東に位置するスノウベックを出発した私たちは、すでに三〇キロメートルほど走って島の西部に来ていた。グッズイェムから自転車ルートは、島の北岸をさらに西へ向かうものと、島の中央に向かって南へ行くものとの二手に分かれる。ボーンホルム島の北西部には一二五〇年に築かれた「ハンマースフース」と呼ばれる城塞の遺跡があり、これを見たいところではあったが、太陽はもうすぐ西に傾く時刻になっている。スノウベックの別荘へ夕食に間に合うように戻るためには、これ以上西へ走っていくことはできそうもない。そこで仕方なく、私たちは帰り道になる島の中央へ向かうルートをとった。

風に向かって走る

島の中心部には、アルミニンゲンというデンマークで三番目に大きな森がある。この森を抜けてから東へ向かうことにして、私たちはグッズイェムから南へ向かった。アルミニンゲンの森までの途上で、見通しのよい丘の上に大きな白い建築物があるのに私たちは気付き、この建物に近づくと、それは中世の時代に島の住民を盗賊や敵軍から守っていた円形教会であった。これは、島に四つある円形教会のうち一番大きいウスタラース教会で、とんがり帽子に似た黒い屋根のある白い塔のような形をしている。その教会の姿は、写真で見るよりも美しく神秘的な印象である。

一二〇〇年代初期に築かれた建物の白い円筒の上部には小さな窓があって、ここから島に攻めてくる盗賊や敵を監視し、槍を投げて防戦したのだといわれている。そして、その上部が地域の女性や子どもをかくまう部屋になっていたのだという。しかし、円形教会に関する当時の記述がないため、円筒型である理由や各階ごとの部屋の機能などは研究家の仮説であって事実は誰も分からないのである。

また、ウスタラース教会の床は厚さ二メートルの花崗岩でできている。最近のソナーを用いた調査で、地下七メートルに達する大きな空洞部あるいは貯蔵庫がその床下にあることが発見された。なぜ二メートルもの厚みのある花崗岩の床が必要であったのか、なぜ七メートルもある空洞部を設けたのかは、依然として謎のままである。

ウスタラース教会の立つ丘を下りると空気がひんやりしていて、夕暮れがすぐにやって来ることが感じられた。太陽が沈んで寒くなる前に、温かい食事が待っているスノウベックに戻るには家路を急がなければならない。

フーバートと自転車で走り始めた私の心には、中世のボーンホルム島の歴史を秘めたウスタラース教会から受けた力強い印象が残り、その姿が離れないでいた。そして、気が付くと私たちの両側は針葉樹の深い森になっていて、島の中央部に位置するアルミニンゲンにまで来ていたのである。背の高い樹木が枝を縦横に延ばして、濃い緑色が奥深くまで続いている現在の姿からは信じられないが、ここは一九世紀初頭には樹木の伐採が進んですっかり荒れてしまっていたのである。そこへ、当時の森林監督官が森の荒廃に気を留めて整備を始め、森林は生き永らえることができたのである。人里離れた所にあるアルミニンゲンの大きな森は、私たちの知っているコペンハーゲン近郊の森とは異なって、重厚で静寂な雰囲気がある。約二四平方キロメートルのアルミニンゲンの森の周囲も植林地帯と

ウスタラースの円形教会

なっていて、これを合わせるとボーンホルム島の中心部の約六〇平方キロメートルが森林地帯となっている。樹木の繁る暗闇に足を踏み入れたら、二度と明るい世界に戻ってこれないような気がするほどである。

アルミニンゲンの森のなかには、いくつもの丘や湖がある。標高一二三メートルのヨムフルビアや一六二メートルのリュッタークネイトという山の頂上からは、森の全体やその外側に広がる景色を眺めることができる。島の最高地点であるリュッタークネイトの頂上には高さ二二メートルの見晴らし台があり、ここからボーンホルム島全体が遠望できる。

森のほぼ中央にある湖に面した丘の上には、ボーンホルム島ではハンマーフースに次ぐ第二の城があった。ここは一二五九年に外国軍に攻められて落城し、現在は遺跡として残っている。中世の城であるというだけで建造年などは不明だが、ここから一一五〇年ごろの硬貨が発見されている。そして、当時は島最大の城砦があったのである。

空に向かって真っすぐに伸びている針葉樹の美しい森を南北に縦断する通りを走っていくと、森を抜けてすぐに交通量の多い幹線道路に出た。この通りを、アルミニンゲンから南東方面にあるオーキアケビュという街へ案内標示に従って進路をとった。

オーキアケビュは、ボーンホルム島では最初の、一二二八年に商業が許可された街である。花崗岩の丘の上に広がる街を走りながら見上げると、中心にある教会の高い塔の先が夕方の光でオレンジ色になっている。これは、ボーンホルム島では最大のオーキアケ教会で、一一〇〇年代に築かれている。その高い塔は、当時は見張り台の役目も果たしていた。街のある丘の周囲は低く平らな畑になっていて、遠くを走る車の小さなシルエットが見える。

丘の傍を通りすぎると、平坦な畑の上を吹き抜ける夕方の風が強くなったように感じられた。強い風を忘れるために風景を楽しもうとして遠くに目をやると、ときどき小さな動物が畑を縦無尽に走っては止まる姿があった。周囲を警戒しているのか長い耳を立てているので、野ウサギであると分かる。野ウサギを追いかけるようにして走っていくと、防風林のように樹木がこんもりとした場所に行き着き、そこから島の東部へ向かう自転車道があった。

昔は農道であったような道の両側には並木が連なっていて、風をそれほど強く感じないで走ることができる。防風林のある農家の近くを通りすぎるときは、樹木が風をさえぎってくれることがうれしい。

その昔デンマークでは、強い風から家畜や家屋を守るために、農家の周囲や玄関に続く農道に樹木を植えていたのである。こうした樹木は、今日では大木に育っていて、広々とした風景に暖かさと優しさを与えている。並木の影がつくる縞模様の道を走っていくと、白い教会のあるペーダースケアに出た。フェリーが着いたルンネからスノウベックまで走ったときに通りすぎた所である。ここから海岸に出て浜沿いに行く自転車ルートでは遠回りになるので、私たちは直接スノウベックへ向かう通りを走ることにした。

ペーダースケアは小さな集落である。赤い屋根の煉瓦造りの家が軒を並べ、そのなかにパン屋と郵便局があるが、スノウベックまでの道を確認しようとしても標示が見当たらない。夕日がもうすぐ沈むという時刻では店も閉まっている。各家庭では夕食の支度をしているのだろうか、街には人影もなく静まり返っている。仕方なく走り始めると、街の外に出る手前で壮年の男性が生け垣の手入れをしていたので、フーバートが声をかけて道順を聞いてみた。

どこの街でも、デンマーク人は親切に道を教えてくれる。ペーダースケアの男性も笑顔で応じてくれた。「えーと、そこの道を突き当たったら左へ折れて、それから……」と彼が話すのに、フーバートはうなづいている。実のところ、私にはデンマーク語のようにもスウェーデン語のようにも聞こえて男性の説明がよく分からないのである。

「どうもありがとう」、「どういたしまして、さようなら」とフーバートと男性が挨拶を交したので、私も「どうもありがとう、さようなら」と言い、フーバートと二人で男性の教えてくれた道を走り始めた。私は道順をきちんと理解していないので、フーバートに「分かった？」と尋ねてみた。「大体、ボーンホルム語だから」と彼は答えて、道の突き当たりで「左って言ったっけ？」とつぶやいた。ボーンホルム語はデンマーク語の方言で、デンマーク語より抑揚があって多少言葉が違うため、デンマーク人にとっても少々理解しにくいのである。

ペーダースケアを離れると、私たちは広大な畑の風景の一部となって、背中に夕日を受け、強い向かい風と戦いながら男性の教えてくれた通りの道をたどった。やがて、小さなポウルスケアの集落に着き、そこでスノウベックまで四キロメートルであることを示す標示が見られた。真っすぐ続く道の先には、黒くバルカの湿地帯の森が見えている。すると、「ああ、よかった。もうすぐスノウベックだ。それにしても、ボーンホルム島ではどこへ行っても向かい風だ」とフーバートが言う。私は、いくらペダルを漕いでもなかなか前に進まないような気がして、暗くなる前に別荘に着くのかしらと思っていたので、スノウベックへの道を示す標示を見てとても安心した。

別荘に戻ると、ビアギットとフリッツは暖かい夕日の陽射しがまだ残っているテラスで、夕食を終えるところだった。「料理はできているから、自分たちでとってね」とビアギットに言われて、フーバートと私は料理をテラスの食卓に運んだ。空腹だったのでフーバートと私は無言で食べ続けていると、コーヒーを用意したビアギットが食卓に戻ってきて、「明日の晩、あなたたちはコペンハーゲンに帰るのだから、夕食を一緒に食べましょう」と提案し、これに私たちも賛成した。そして、話題は自然と私たちの島巡りとなり、それからボーンホルム島の自然に話が移っていった。フリッツもビアギットも、豊かな自然のあるこの島を大変気に入っている。それで、フーバートと私が島の自然を大いに体験したことを喜ばしく思っていた。

ボーンホルム島からも、コペンハーゲン行きのフェリーは深夜に航行する。出発の日の午後、フリッツとビアギットは、私たちをアルミニンゲンの森の奥深くにあるエッコダールという谷と鳥類の保護地区へ車で案内してくれた。

島の観光名所の一つになっているエッコダールは、幅六〇メートル、長さ一二キロメートルの地割れの谷である。そこでは、太古の地殻変動で割れた地表が大きくずれて切り通しになっており、花崗岩の地層がむき出しになっているのが見られる。氷河に削られた古い大地のデンマークには地震さえ起らないのだが、かつて地球の創世紀には至る所で火山が噴火し、熱い溶岩が流れ出て、地震とともに地殻変動が起きていたことをエッコダールの切り通しが伝えている。切り通しに沿った歩道にはたくさんの観光客がいて、谷の壁に向かって「ハロー」などと大きな声で叫んでいる。この声が切り通しの壁に反射して、自分の声のエコーが聞こえるのである。

鳥類の保護地区は森に囲まれた湿地帯で、風で揺れる樹木の枝の音が聞こえるだけの静かな場所である。鳥の観察台に上ると、見渡すかぎり樹木の緑が大地を覆っているのが分かる。「この自然がボーンホルム島の素晴しさだよ」と、フリッツは言う。現在六〇歳のフリッツは、両親に連れられて別荘を訪れていた少年のころから数え切れないほど多くの休暇をボーンホルム島で過ごしているが、いまだ島の魅力に引きつけられたままなのである。それは、誰も手をつけていない自然がボーンホルム島に残っていて、そこにさまざまな鳥や動物がやって来ているからである。その昔、デンマーク全域は森に覆われていたのだという。その森を、農業や林業など人々の活動のために開拓してきたために森は失われ、残された森も荒れ果ててしまったのである。こうした過去の歴史から、自然は守らなければなくなってしまうのだということをデンマーク人は学んだのである。

観察台から見ていた若葉の色が濃くなるころ、大小さまざまな種類の多くの鳥が保護地区に飛来して、つがいとなり子育てをするのである。フリッツは、「そう言えば、もうナイチンゲールが来ているようだ。夕べ鳴き声を聞いたよ」と思い出して言った。

フーバートと私がコペンハーゲンに帰る荷づくりをしていると、キッチンからおいしそうな香りが漂い始めた。部屋を出ていくと、キッチンではビアギットが夕食の支度をしていて、私たちの顔を見ると「今日はフリカデラよ」と言った。フリカデラはデンマークの伝統的な料理で、フライパンで焼いた肉団子である。デンマークの子どもたちは誰でも自分のお母さんのフリカデラが一番おいしいと言う、もっとも一般的な家庭料理である。フリカデラの調理方法をデンマークの女性に尋ねると、それぞれに材料や焼き方が少しずつ異なっている。団子にする

鳥類の保護区

挽肉は合い挽きで、しかし豚肉と牛肉の合い挽きであったり、牛肉と子牛の肉の合い挽きであったりする。つなぎにはクリームを使うのであるが、これに卵を混ぜる人もいる。ビアギットは、ボウルに入れたつなぎと混ぜた挽肉を慣れた手つきでスプーンを使って小さな団子にすると、熱くなってバターが溶けているフライパンに一つ一つ並べている。肉の色が変わったら、裏返して焦げ目をつけると出来上がりである。肉団子を盛り皿に移した後に、フライパンに残った肉汁でソースをつくる。付け合わせは、ゆでたジャガイモと酢付けの赤かぶである。

午後の陽射しを受けているテラスの食卓へフーバートと私も料理を運ぶのを手伝って、フリカデラの冷めないうちに四人揃って食事となった。柔らかいフリカデラは、誰のお母さんがつくっても美味しいと私は思っている。デザートのアイスクリームを終えると、そろそろ出発である。夕日で染まったスノウベックの別荘に残るビアギットとフリッツにあいさつをすると、フーバートと私は自転車に乗ってルンネに向かった。

夕日に向かって走る私たちを追い風が後押しした。ボーンホルム島に着いた朝に苦労をして上った丘も一息に走り抜け、休憩をすることもなく走り続けた。夕日が西の丘に沈むと少しずつ宵闇が迫ってきて、ルンネ空港まで来ると大空に一番星が見えていた。そして、ルンネの街に入る所で変則交差点があり、信号の赤と緑が闇に輝いている。ここで信号待ちで止まっていると、スノウベックからルンネまで信号機が一つもないことに気が付いた。

市街地にもルンネ港のフェリー埠頭にも人影はなく、深夜の静けさだけがある。フェリーへの乗船の手続きをして待合室に行ってみると、そこにはフェリーに一度に乗れるのだろうかと思うほどたくさんの人々があふれ出ていて、そしてにぎやかである。信号が必要でないほど交通量の少ないのどかな島の休暇中、私たちは自転車で走りながら牛や馬、羊に挨拶をし、ウサギを追いかけ、野鳥を眺め、たくさんの人が忙しそうにしている都会を忘れていたのである。おしゃべりの声が充満した待合室でフェリーの到着を待っている間に、私たちは静かなボーンホルム島を離れてにぎやかなコペンハーゲンに戻っていくのだと実感した。

第5章

フュン島での優しい想い出

歴史と文化のオーデンセ

コペンハーゲンから特急列車のＩＣ３に乗り、ストアベルト海峡の海底トンネルを抜けてフュン島へ渡る。一九九七年にシェラン島とフュン島をつなぐ車両用のストアベルト橋と列車用の海底トンネルが開通してからは、これまでのように列車ごとフェリーに乗って海を渡る必要がなくなったためフュン島への旅は一時間ほど短縮された。フュン島のほぼ中央に位置している島内最大の街であるオーデンセまでは、コペンハーゲンから約一時間半である。また、ストアベルト陸路開通後は列車の本数が増えて、オーデンセへの旅がますます容易になった。

コペンハーゲン中央駅でＩＣ３に自転車とともに乗り込んで、持参したオレンジジュースを飲んで一息つくと、すでにシェラン島の西海岸が見えてくる。そして、いよいよストアベルト海峡を越えるのである。青い海の上には、白いストアベルト橋の姿が遠くにうっすら見えている。もう少し橋に近づいて、じっくり見たいなと思っているところで列車はトンネルに入る。その海底トンネルを抜けると列車は海峡を越えていて、ストアベルト橋は遠く背後にあって窓の外に小さく見えるだけである。前方に見えてきた内陸の風景を眺めると、シュラン島と違って地形に起伏があるように見える。そして、緑が濃くて、少しばかり気候が穏やかになったようにも感じる。シェラン島より南に位置しているフュン島では、気温が幾分高いのである。

デンマークの国土のうちでは比較的温暖なフュン、トーシンゲ、ランゲランとエアウなどの諸島からなるフュン・アムトでは、観光も重要な産業になっており、自転車旅行を振興している。そして、自転車旅行者が快適にアムト内の観光を楽しめるように、自転車道や駐輪場の整備をはじめ宿泊施設の充実なども図っている。また、フュン・アムトの観光局では自転車旅行用の地図を発行していて、これには主要道路だけでなくたくさんの細い路地まで記載されている。私たちはランゲラン島への旅のときにこの地図を利用して、畑の間や森のなかを走っていても簡単に現在地を知ることができて便利だったので、今回のフュン島の旅でもこの地図を利用した。

このほか、「自転車から見たフュン」というパンフレットも観光局は発行していて、自転車

フュン・アムトの自転車旅行パンフレット

旅行者のための荷物運送システムもここで紹介している。新鮮な空気に触れながら自転車でする旅行はとても楽しいものだが、雨ガッパや下着などのほかに旅行期間が長くなると携帯するものも多くなって、それらを自転車に積んで走るのは決して楽なことではない。そこで、この荷物運送システムを利用すると、朝に発ったホテルやユースホステルあるいはキャンプ場から、その日の晩の宿泊施設まで荷物を運んでもらえるので、身軽になって自転車旅行を楽しむことができる。私たちのフュン島探索は短い旅なので荷物運送システムを利用するまでもなかったが、ロラン島とファルスター島を走ったときには荷物が重く感じられた経験があるだけに、フュン・アムトのサービスは長距離旅行者にとってはありがたい。

やがて車窓から眺める風景に農地が少なくなって住宅が増えてくると、もうすぐオーデンセの駅に到着する。フュン島の最大の街であるオーデンセはデンマーク第三の都市で、人口は約一九万人である。ここには、北欧でも最古といわれる集落があった。西暦一〇二〇年にオーデンセが司教の治領となる前に、すでに北欧に古来より伝えられていた神々の神殿であるオーディンス・ヴィ(1)が築かれており、バイキング社会が存在していた。大海を航行していたバイキングは、フュン島北部のオーデンセ・フィヨルドからオーデンセ川を上って、現在オーデンセの街が位置している所に彼らの集落を築いたのである。

列車はオーデンセの中心街に入るとスピードを緩め、滑るように静かにオーデンセ駅に到着した。自転車を持ってプラットフォームに降りた私たちの後からも、多くの人々が列車から降りてくる。大きなリュックサックを背負った若者やスーツ姿のビジネスマンなど、さまざまな姿がある。ストアベルトが陸路でつながってからは、コペンハーゲンとオーデンセを日帰りで行き来するビジネスマンがとくに増えたように私は思う。

列車がさらに西を目指して出発すると、鉄道の向こうに緑の芝生が広がっているのが見えた。芝生の間を縦横に行く歩道があって、昼間だというのにたくさんの人々が歩いている。すがすがしい緑の芝生をプラットフォームから見るのは心地良く、それが理由で私はオーデンセの駅を特別に思っている。まぶしいほどの太陽の光を浴びている芝生の緑を見ながら、プラットフォームの端にあるエレベータまで私たちは歩いていった。

デンマークの各駅には、駅の構内とプラットフォームをつなぐエレベータが階段やエスカレータのほかに備えられている。これは車椅子の利用者や階段の昇降が不自由な人々そして乳母車や自転車が、不便を感じることなくプラットフォームへ行き来できるようにという配慮によるものである。乳母車を押したお母さんたちがエレベータを利用者している姿を、どこの駅でもよく見

(1)（Odins Vi）オーディン（Odin）は、ゲルマン民族の神話に登場する戦争と知恵の神。一つ目でフギン（Huginn）とムニン（Muninn）というカラスを従え、八本足のスライプナー（Sleipner）という馬に乗っていた。

かける。

そして、乳母車も車椅子も自転車も、自転車のマークのある扉から列車に乗ることができる。とくに、新型車両では自転車のマーク付きの扉から乗ると、車内は乳母車や自転車の乗り降りが容易なように広い空間がある。そして、列車が揺れても自転車が倒れないように自転車止めも設置されている。駅構内のエレベータや自転車マーク付きの列車は、自転車での旅を普及させ、小さな子どものいるお母さんたちの行動範囲を大きく広げることに貢献している。乳母車を押しながら電車に乗って、両親や友達を訪ねたりすることがとても容易になったからである。

自転車を押して駅の構内を歩いて正面玄関に出ると、プラットフォームから見ていた緑の芝生が駅前を横切る大通りの向こう側に広がっている。そして、緑の庭園の奥に真っ白な「オーデンセ城」が立っている。現在のオーデンセ城は、改修の後、オーデンセ・コムーネとフュン・アムトの事務所になっている。しかし、それより前は、王室がオーデンセ訪問時に利用する城であった。

オーデンセ城の歴史は、デンマークの歴史をよく反映している。時代は一五世紀までさかのぼり、キリスト教カトリックの宗派の一つである聖ヨハネ会の教会および修道院が築かれたところからオーデンセ城の歴史は始まる。一三世紀以降の司教が統治していたオーデンセには、カトリックの各宗派が教会や修道院を次々と建てており、キリスト教の街となっていた。ゴシック建築の聖アルバニ教会、聖クヌッド教会、聖ハンス教会と各修道院などと街の市場の間を、多くの修道僧や聖地参りの旅人たちが行き交う姿があった。

しかし、一五三四年に伯爵たちが国王に立ち向かい、デンマーク全土が二年間に及ぶ内乱に巻き込まれると、静かなオーデンセの街も戦火の被害を免れることができなかった。オーデンセ郊外にあったネスビュホーヴド城は、一五三四年に街の住民によって占拠され、破壊されている。これによって、オーデンセとその近郊には城がなくなってしまったのである。

やがて一五三六年にデンマークに宗教改革がもたらされ、新しいプロテスタントを国の宗教と定めたデンマークではそれまでのカトリックは禁止され、全国各地にあった教会はプロテスタントへ転向し、修道院は王室に譲渡された。聖ヨハネ会の修道院も王室の所有となり、一五七三年にフレデリック二世（一五三四～一五八八、王位一五五九～一五八八）はオーデンセ訪問時に宿泊できるように修道院を改修している。修道院の南と東側の建物は三階建てとなり、西側には新しい建物が築かれ、そしてここは「オーデンセゴー」と呼ばれるようになった。

当時は、地域の領主がオーデンセゴーの管理を兼ねて住んでいた。国王は重要な決定を下すときにオーデンセを訪れていたが、コペンハーゲンが軍事および経済においてデンマークの最重要都市となると、オーデンセ訪問は少なくなっていった。

オーデンセ城が現在の美しい姿を整えたのは一八世紀のフレデリック四世（一六七一～一七三〇、王位一六九九～一七三〇）の時代である。全国各地にある王室の城や館をコペンハーゲンの城と同じように気にかけていたフレデリック四世は、一七二〇年にオーデンセゴーの改修を決定した。そして、国王は王室付きの建築家であるJ・C・クリーガー（一六八三〜一七五五、第二章参照）に、改修プランと同時に庭園の設計も依頼したのである。

一七二三年に改修は終了し、オーデンセゴーはオーデンセ城と名称を変更した。改修時に、古い建物は拡張されて新しい二階建ての建物を伴っている。その上階には、国王と妃のそれぞれの間《ま》と、その間に食事の間《ま》と客間が設けられた。一階部も上階と同じ間取りで、王子の家族のために用意された。この新築部には、フュン島北東部をスウェーデン軍が攻撃したときに破壊されたニューボー城跡の建設材料が再利用されたのだという。一方、J・C・クリーガーによって設計されたバロック式の幾何学的な配置の庭園は一七三〇年に完成した。オーデンセ駅のプラットフォームから見える芝生は、この庭園の一部である。

改修後の城には、フュン・アムトの知事が一室を借りて住むことが許された。これは一九六五年まで受け継がれ、オーデンセ城の九〇〇平方メートルの住居は代々の知事邸となってきた。

一九世紀には王室はオーデンセ城をよく利用しており、一八一五年にはクリスチャン八世（一七八六〜一八四八、王位一八三九〜一八四八）が国王になる前に居城としており、当時七歳であった息子のフレデリック王子の部屋には、ドア枠に王子の成長振りを示す身長が刻まれている。一八三九年にクリスチャン八世が国王になると、城はフレデリック王子の居城となった。フレデリック王子は一八四一年にドイツから妃を迎えると、これに合わせて城内部が改装され、新しい建物を南側に設けている。

しかし、クリスチャン八世の時代が終わり、一八四八年にフレデリック王子が国王のフレデリック七世となり、また、民主主義に則った現在の憲法が公布されると国王はこれに調印するとともに、オーデンセ城はフュン・アムトの所有へと移行した。フュン・アムトはアムト事務所として利用するほか「北欧博物館」などを城内に設けていたが、やがて一九〇七年にオーデンセ・コムーネが城を買い取っている。このとき、アムト知事の住居および執務室は賃貸という形で城内に残っている。そして、一九二〇年からはコムーネの消防署として利用され、これは一九七五年まで続いていた。

現在のオーデンセ城は、オーデンセ・コムーネおよびフュン・アムトの事務所として利用されている。かつては国王や妃が客人を招いて食事をしていた部屋は会議室となり、寝室などは事務所へと衣替えをしている。キリスト教の修道院から王室へ、そして民主主義憲法の公布と同時に地元の自治体へ、デンマークの国家権力の変遷とともにオーデンセ城の住人は替わってきたのである。

オーデンセ城の庭園まで歩いていくと、芝生と大きな樹木からの緑の息吹が空気のなかに感じられてすがすがしい気分になる。舗道を行き交う人々は真っ白な城の入り口へと向かっている。彼らは、城内のコムーネやアムトの事務所に勤務する人々である。私たちも芝生のなかを通る舗道を歩いて、城の向こうに広がる中心街へと向かった。オーデンセ城は朝日を受けて、壁面の白さがまぶしいほどに感じられる。

オーデンセ城とゴシック建築の聖ハンス教会に隣接した旧市街地には、石畳の通りに面して、デンマークの伝統的な煉瓦造りの小さな家が肩を寄せ合うようにして並んでいる。一三三五年にオーデンセの街が商業を許可されてから移ってきた人々が、商いをしながら住んでいた場所である。当時の街は、一五〇〇年代の戦禍を受けたため見られないが、その後の一六〇〇年代に築かれた煉瓦造りの古い家屋が、今では柱や梁が傾いて崩れ落ちそうになりながらも残っている。これらは、雨や風や雪や、ときには嵐からそこに住む人々を守って、数百年を経てきた家屋である。土でできた煉瓦から、まるで人間のような温かさが伝わってくるように思える。

デンマークでは、歴史的な城や邸宅および中

オーデンセ城

世や近世に形づくられた街並みの保存を進めている。保存が指定された家屋の所有者はその維持に努めるほか、改装の場合にはコムーネに許可を得なければならない。オーデンセの旧市街に残る煉瓦造りの家並みも保存対象に指定されているほか、オーデンセ・コムーネはこうした地域の古い石畳の通りでは自動車の乗り入れを禁止している。こうして、生きた街をそのまま歴史博物館として保護しているのである。

これらの古い住宅地に隣接して、現在のオーデンセの街の中心部がある。ここには、一九世紀から二〇世紀初頭に築かれた、ファサードに装飾のある四、五階建ての建物が並び、ショッピング街になっている。この中心街にオーデンセ・コムーネの庁舎や劇場、美術館などの赤煉瓦の建物が集まっている。これらの建物が築かれた一九世紀後半には産業革命の波がオーデンセにも押し寄せ、工場での仕事を求めて地方から多くの人々が集中し、旧市街の外側に住宅群が造られて街は大きく広がった。

この一画に、一八〇五年に生まれたデンマークの童話作家であるH・C・アンデルセンが幼少期を過ごした家がある。貧乏な靴職人の息子であったアンデルセン少年は、「有名になることを夢見て」一四歳でオーデンセを離れてコペンハーゲンへ上京した。一八二八年にアンデルセンは処女詩集を発表した後、数多くの詩や小説、童話を執筆したが、一八三五年に発表した童話集によって夢見た通りに世界的に有名になったのである。一八七五年に亡くなるまでコペンハーゲンで暮らし、生まれ故郷のオーデンセに戻ることはなかったという。

コペンハーゲンやオーフスのにぎやかさと比べると、オーデンセは穏やかでしっとりとした趣がある。街の歴史と文化が、落ち着いた雰囲気を醸し出している。そして、オーデンセ・コムーネは住民と協力して、街並みの保存と個性的な街づくりを目指している。この事業の一部として、彫刻やレリーフなどのアートが街のあちらこちらに置かれ、これらが街の新しい魅力の一つになっている。産業革命以降の工業化と効率化によって失われてしまった「街の顔」を取り戻そうという事業がデンマークの各都市で行われているが、ここオーデンセ・コムーネでもアートの設置以外にもさまざまな方策がとられている。古い建造物のリノベーションや、アスファルト舗装された道路から昔通りの石畳への敷き替え、公園や庭園の整備、また樹木をたくさん植栽したり花壇を設けて四季の花の植え込みをするなど、有機的で総合的な事業が行われている。これらの施策によって、無機的で無個性な街から、より温かみのある豊かな街へとオーデンセは変貌した。つまり、潤いの感じられる街に変わったのである。

大空へはばたいた「みにくいあひるの子」

アンデルセンが幼少期を過ごした家は、旧市街の南端を流れるオーデンセ川の近くにある。アンデルセン少年も川辺へ降りて、鴨や白鳥が羽をすいたり、魚をとったりしているのをながめたことだろう。まだ太陽が高いので、私たちも水辺へ下りていった。川の蛇行した部分が緑地帯となっている。これは川岸の湿地帯で、中央部には沼がある。沼の周囲を歩いたり自転車で走ったりできる小道があって、ここを走っていると水分をたくさん含んだ空気が感じられる。沼の水面には数え切れないほどの水鳥が浮いている。岸に上がって身体を乾かしたり、昼寝をしているつがいのカモもいる。

真っ白な身体を水面に映しながら泳いだり、長い首や大きな身体の半分を水中に突っ込んで魚を探していたりする白鳥を見ていると、アンデルセンの有名な童話の一つである『みにくいあひるの子』を思い出す。「あひるの子」は実は白鳥のヒナであったのだが、そのヒナを見たことのない私は「みにくい」というのはあまりにも可哀いそうだと思っていた。しかし、デンマークに来て初めて白鳥のヒナを目にしたときには、「ずいぶん汚い白鳥がいるなあ」と、すすけた灰茶色の鳥が真っ白な白鳥になることが信じられなかった。きっと、岸辺の水たまりで汚れてしまったのだと決めつけていた。しかし、同じ色の鳥がたくさんいるので不思議に思っていると、しばらくして灰茶色の羽の間に白い羽が生え始めたのである。

白鳥はデンマーク全土に通年生息している鳥で、デンマークの国鳥である。デンマークの牧歌的な風景に白鳥の姿はよく似合っていて、国を代表する鳥としてふさわしいと私は思っている。遠くから眺める水辺の白鳥は、白い体を水面に映しながら静かに泳ぐ姿がエレガントで、とくに晴れた日の夕刻につがいの白鳥が向かい合っている姿はとてもロマンチックに感じられる。

ところが、彼らは大変大きな体格をしていて、その重い体を空中にもち上げて飛ぶための翼はがっしりしていて力強い。近くに寄ったときに彼らを怒らせてしまったものならば、翼のひと打ちで大人の男性でさえも払い除けられてしまう。彼らが飛び立つときには、その大きな翼をはばたきながら水面を滑走する。大きな翼がはばたくと水面が風を受けて波立ち、その様子はエレガントという白鳥のイメージからはほど遠い。降り立つときにもまた水面を滑走するのでバシャバシャと飛沫が上がり、ほかの小さな水鳥は慌てて避難するほどである。

また、春のつがいを求める雄のプレゼンテーションも迫力がある。そのころの甲高い雄叫びは静かな湖面に響きわたる。小柄なカモの雄と

白鳥の巣

雌の追いかけっことは異なり、大きな白鳥のペアリングは派手で騒々しく、水辺を通る人々の誰もがその大騒動に驚いて足を止めて見入ってしまうほどである。こうした白鳥の大騒ぎも、デンマークにおける春の風物詩の一つである。

私たちは沼を一周すると、川沿いに走って街に戻った。川岸から見ると中心街は丘の上に築かれている。川の中州を見下ろすようにして、背の高い塔のある聖クヌッド教会の姿があった。一二五〇年に築かれたこの教会は、オーデンセの大聖堂である。

中州から川を渡った向こう岸は、教会の裏手にある庭園となっている。中世の時代、教会に修道院があったころには、修道僧が教会で使う草花や病気や怪我の手当てに使用する薬草を育てていた。こうした修道院の庭園は、王室や富有市民の大規模で華やかなものとは異なって質素で閑寂である。そして、静かに草花の一つ一つを見ながら歩いていると、心が安らかになっていくのを感じる。

修道院の庭園を出た所は広場になっていて、そこにクヌッド二世（一〇四〇頃～一〇八六、王位一〇八〇～一〇八六）の像が立っている。国王のクヌッド二世は一〇八六年にオーデンセの聖アルバニ教会を参拝中にクーデターにあって殺害されている。キリスト教への深い信仰が知られていたクヌッド二世は、一一〇一年に聖人となり、オーデンセの大聖堂は彼を敬まって「聖クヌッド教会」と名付けられた。クヌッド二世の像の下に立つと、広い通りの向こう側に尖った塔のある教会が見える。この聖アルバニ教会が木造の教会であった一〇八〇年、その教会の内部でクヌッド二世は命を落としたのである。現在の聖アルバニ教会の大きな建物は、隣接した修道院とともに一五〇〇年代に築かれたものである。

この聖アルバニ教会の周辺には、一五〇〇年代から一七〇〇年代に築かれた煉瓦造りの古い建築物が集まっている。この一画にある一五四七年に建てられた煉瓦造りの邸宅は、木組みの構造物に煉瓦で壁を造るというデンマークの伝統的な工法の建造物としては国内で最古のものであるという。この邸宅周辺には、同じ木組みと煉瓦の壁によって、それぞれ一六一七年、一六三一年と一六四六年に建てられた邸宅が残っていて、これらは現在博物館として保存されている。

一方で、オーデンセの街で労働をするために集まってきた庶民が住んでいた小さな煉瓦造りの住宅も一六〇〇年代に築かれている。こうした昔の小さな住宅を愛らしいと感じているデンマーク人はたくさんいて、彼らはていねいに修理と手入れをしながら住んでいる。外から見ると小さな家も、なかに入ると大きなリビングがあって驚かされることが多い。そして、四季折々の花が咲き乱れている広い裏庭を眺めながら、豊かな空間を楽しんでいるうちにどこか郊外の大きな邸宅を訪ねているような気分になってくる。

古い街並みの地域には、当時のままの石畳も残されている。その昔の馬車に乗った気分になってガタゴトした振動を感じながら走っていくと小さな旧市街の端はすぐに行き着いてしまう。そして、そこから現代的な建築のコンサートホールが見えた。私たちはここで、オーデンセで音楽活動をしているピアニストの高梨智子さんと会う約束をしていた。

高梨さんは武蔵野音楽大学を一九九一年に卒業したのち、日本で演奏活動をしながら小さな音楽教室でピアノの先生をしていた。日本にいたころ、彼女は音楽教室のある街まで平らな水田地帯の一本道を車で走りながら、現代音楽をより深く勉強したいと考えていたのである。

高梨さんがコペンハーゲンではなくオーデンセにあるフュン音楽学校（Det Fynske Musikkonservatorium）を選んだのは、ここでは現代音楽の教育を特別に進めているからである。そして、高梨さんの音楽への興味を膨らませたのはデンマーク人作曲家のカール・ニールセンの音楽で、彼の故郷であり作曲活動を行っていた場所がフュン島であったのだ。まだ彼女が武蔵野音楽大学の学生であった一九八九年のある朝、いつものようにラジオからのクラシック音楽で目を覚ましたのだが、その朝の音楽は彼女にとって特別なものになった。それは、「今までに聴いたことがないほど、とても美しく、きれいな澄んだメロディで、一日中そのメロディが耳に残っていた」と彼女は語ったことがある。この音楽はギリシャの日の出を奏でるカール・ニールセンの『ヘリオス前奏曲』で、強い印象を得た彼女は早速カール・ニールセンのピアノ曲を探し、『シャコンヌ』の楽譜を手に入れると演奏してみたという。大学を卒業して日本で演奏活動をしながらも、彼女は音楽へ情熱をかき立てたデンマーク人作曲家のことを忘れられないでいたのだ。

カール・ニールセン（一九三一年没）は、オーデンセの郊外で一八六五年に生まれた。経済的には貧しい家庭であったが、ペンキ屋であり街の楽隊奏者であった父の影響で彼は幼いころから

カール・ニールセン

音楽に親しんでいた。『私のフュンでの幼少期（Min fynske Barndom）』というニールセンの自伝のなかで、「母は清く美しく唄う人で、私の音楽の才能は父からのものだけでなく母から受け継いだものでもある」と、彼は述べている。

父親の仕事柄、幼いころからカールはバイオリンやコルネット、クラリネットという楽器に触れていたが、ピアノの演奏に関してはまったく特別なものであった。彼がピアノに触れるのは、彼の母に連れられてオーデンセに住む親戚を訪ねるときだけであった。カール少年はすべての音が目の前に並んでいるピアノという楽器に驚き、鍵盤が決められた音を奏でるという不思議な世界に興味を惹かれていったのである。

やがてカール少年は、父親の所属する楽隊でバイオリンを弾くようになる。ちょうどこのころ、隣り町の教師が楽隊や教師などを集めてオーケストラを結成し、これにカール父子の楽隊も参加した。そこで、ハイドンやモーツァルトなどのクラシック音楽を演奏することになる。しかし、田舎での音楽家としての活動はかぎられており、カール少年は商屋へ奉公に出ることになるが、すぐに実家に戻ってしまった。

新しい仕事を模索しているとき、彼の父がオーデンセにある軍の音楽隊が奏者を探していることを聞きつけ、カール少年は急いでトランペットの練習をして楽隊の審査に応募したのである。これに彼は合格し、一四歳で音楽隊に入隊した。彼は軍隊での稼ぎのほとんどを家族へ送金したが、手元にわずか残した小銭が二〇クローネたまると、これを頭金にして五〇クローネの古いピアノを購入した。残りは、毎月一クローネずつ支払ったのだという。

軍の音楽隊で彼は音楽の基本とさまざまな楽器の演奏方法を習ったが、ピアノの演奏については独学でマスターするよりほかになかった。小銭をためてはハイドンやモーツァルト、ベートーベンの楽譜を買って、その曲の組み立てや演奏する方法などを、理解できるまで何度も何度も繰り返し練習したのである。

音楽への情熱はよき友人を招き、やがて彼はあるカフェ・ピアニストと知り合いになる。二人は意気投合し、ピアノとバイオリンのための演奏曲の楽譜を一緒に購入しては、早朝の誰もいないレストランで練習に励んだのである。そのうちにカール少年は自分で曲をつくるようになり、それらの曲は友達の間で評判になった。

ある日、若い音楽家がコペンハーゲンからオーデンセを訪ねたのだが、その彼がカフェ・ピアニストの弾くカール少年の曲を耳にすることになる。その音楽家はカール少年の曲に感動し、コペンハーゲンに来るように熱心にすすめたため彼は上京することになった。(2) 王立音楽学校のバイオリン課でバイオリンを、そしてデンマーク人作曲家のニールス・W・ゲーデに師事して作曲法をカール少年は学んだのである。

バイオリン奏者としての才能はすぐにも認められ、王立音楽学校修了後は王立劇場の楽団にバイオリン奏者として一六年間、またそのうちの後半六年間はオペラ楽団のコンサート・マスターを務めていた。しかし、作曲家として認められるまでには苦労を重ねることになった。カール・ニールセンの曲風は斬新すぎて、一般に理解されるのが難しかったのである。彼の曲が一般の聴衆に対して演奏されることもあったのだが、多くの人々は「大家の曲だ」と言うばかりで本当に理解されてはいなかったのである。

それでもカール・ニールセンの友人や知人の配慮で、彼の曲の演奏機会は増えていった。とくに彼のバイオリン交響曲は好評で、彼の曲のうちではもっともよく演奏され、またいくつもの室内楽がよく知られるようになっていた。しかし、カール・ニールセンの作曲家としての成功はまず外国でもたらされた。ヨーロッパやアメリカで、自身の指揮によって演奏した彼の音楽は聴衆に認められたのである。その後、とくにイギリスやアメリカで新進の指揮者が、カール・ニールセンのつくり出す新しい時代を反映した曲風に関心を示して演奏するようになった。これらは録音され、そのレコードによって彼の音楽がより多くの人々に知られるようになった。この海外での評判がやがて自国デンマークに逆輸入されて、ようやくカール・ニールセンの晩年に、彼の名前が多くのデンマーク人に知られるようになったのである。

ニールセンの音楽は、とくにオペラや交響曲中の力強い曲調を特徴としている。しかし、それでも北欧の冬の厳しさを表したような重厚な調子の間に、暖かい春の日差しを思わせるような柔らかい穏やかな旋律が響く。その対象的な印象が一つになって、曲全体を美しくまとめているように思える。彼の妻で彫刻家のアンネ・マリアがつくったカール・ニールセン碑では、自然の音に耳を傾けている少年や馬上の青年がモチーフになっているが、これはあらゆる音程とリズムを一つの曲としてまとめたニールセンの音楽を非常によく表している。音楽家と彫刻家の夫婦は、芸術家として互いにインスピレーションを与え合っていたのかもしれない。

三八歳のニールセンは、彼の妻とともにギリシャに滞在している間に『ヘリオス前奏曲』を書いている。のちにこの曲は彼の代表作の一つになり、全世界に知られるようになった。この『ヘリオス前奏曲』の美しさに高梨さんは魅せられたのである。

一九九六年に高梨さんは、カール・ニールセンの軌跡を追って、フュン音楽学校で学ぶためにデンマークに渡ってきた。一九九七年には、演奏家としてのより高度な技術と知識を得るために、彼女は同校のソリスト・クラスへ進んでいる。ソリスト・クラスで彼女がついた教師は、カール・ニールセンのスペシャリストであった。そこで、カール・ニールセンやほかのデンマークの現代作曲家の音楽を集中して演奏することになったのである。一九九九年一一月に、高梨さんは

（2）（Niels Wilhelm Gade：一八一七～一八九〇年）デンマーク人作曲家で、一八六七年にはコペンハーゲンの王立音楽学校の校長となる。交響曲やバレエ音楽、合唱曲のほかに賛美歌や唱歌を作曲した。

プロとしてのデビューコンサートでオーデンセ交響楽団とともにデンマークの現代音楽を演奏するほか、カール・ニールセンの『シャコンヌ』を披露した。

高梨さんは、現在プロのピアニストとしてデンマーク人音楽家とともに演奏活動に励んでいる。「デンマーク音楽をもっと多くの人々に知って欲しい」と願う彼女は、ニールセンの曲を中心にデンマークの作曲家のピアノ曲を演奏したCDを二〇〇〇年にデンマークと日本で発表した。[3]

カール・ニールセンの名前は知っていても、曲を知らないデンマーク人が多いのである。高梨さんによれば、ニールセンの曲を演奏したいというデンマーク人音楽家も少ないそうだ。ニールセンの複雑な旋律とリズムを弾きこなすことは大変難しいので嫌がるのだろうと、私は勝手に推測したりもしたくなる。しかし、抽象的で複雑なニールセンをはじめほかの近代・現代作曲家の音楽に高梨さんはあえて注目して、そしてより多くの人々に曲を聴いてもらうために演奏活動を行っている。私もデンマーク人作曲家の音楽をデンマークで聴く機会が増えることは好ましいと常々思っているので、彼女の活動には期待しているのである。

高梨さんがフュン島の新進演奏家とともにデビューコンサートに臨んだオーデンセ・コンサートハウスのなかに、カール・ニールセン記念館がある。建物の正面でフーバートに彼女の音楽活動について説明していると、夕日で輝く広場に小柄な日本人女性が現れた。自転車を押して私たちに近づいてくる高梨さんである。私が手を振ると、笑顔で「元気?」と聞いてくる。彼女は新しいＣＤの企画を進めていて、結構忙しいらしい。「でも、久しぶりだからゆっくり話そう」ということで、「飲みに行こうか」と彼女が提案しフーバートと私が賛成すると、私たちは自転車に乗って中心街のカフェへ向かった。

快適な住み心地のある街へ

オーデンセでも多くの日本人観光客を見かける、と高梨さんは言う。ほとんどの人々は、アンデルセンの生まれた街としてのオーデンセを

（3）「Carl Nielsens　Lys（カール・ニールセンの光）」発売元 Classico（クラシコ）、日本販売元キング・インターナショナル。

オーデンセ市庁舎前で（写真中央は高梨智子さん）

訪ねてくる。その一方で、オーデンセには福祉施設を訪問する視察団も多い。デンマーク全国で同じ法律に基づいて同じような福祉事業が進められているにもかかわらず、オーデンセを訪ねる視察団が多いのは、高齢者が共同で築いた「コ・ハウジング」をはじめ、新しい形の高齢者住宅や施設の建設がここで試みられているからだ。でも、ひょっとしたら、視察の帰り道にアンデルセン博物館を訪ねて観光を兼ねられるから視察場所として選ばれているのかもしれない。

デンマークの高齢者福祉をはじめ社会福祉政策の基本は、社会的な弱者一人ひとりに対する人間性の尊重である。これは、一五〇年の民主主義の歴史のなかで築かれてきたものである。一八四九年六月五日に公布された基本的人権の尊重を掲げた民主憲法で、「自力で生活できない者誰もが公的援助を受けられる権利」が保障されている。この憲法と民主主義運動を中心に、充実した福祉政策を備えたデンマーク社会が形づくられたのである。

第二次世界大戦後の一九五九年には、「ノーマリゼーション」に則った福祉政策が展開されるようになる。ノーマリゼーションとは、障害のある人々も障害のない人々と同じように生活する権利があり、社会は障害のある人の生活条件を「ノーマル（普通）」にする義務があるという考え方である。デンマークでは、この考えに基づいて障害のある人々が社会参加できるような障害者対策が実現され、その経験が高齢者のケアに応用されるようになった。

デンマークでも以前は高齢者のケアは家族が行い、そして、これは主婦である女性の役割であった。ところが、一九六〇年代に女性の社会進出が著しくなると、子どもや高齢者のケアは家庭から社会へと移り、託児所や高齢者施設が全国に建設されたのである。介護を必要とする高齢者のための住宅は「プライイエム」と呼ばれ、この二四時間ケア付きの住宅が高齢者にとっての最期の住まいとなっていた。しかし、デンマークでも住み慣れた自宅での生活を希望する高齢者が多く、やがてデンマークの高齢者福祉政策は施設から在宅ケアへと移り代わっている。

現在の高齢者福祉は、一九八七年に提唱された高齢者福祉政策三原則に基づいて、高齢者が住み慣れた環境でできるかぎり生活を継続できるような援助が行われている。

高齢者福祉政策三原則

❶継続性の保障——高齢者が長年住んでいる地域および住居で生活が継続できるように援助する。
❷自己決定の尊重——障害のある高齢者でも高齢者自身の意志を尊重する。
❸残存能力の活用——自助具の利用と住宅の改造によって、障害のある高齢者に残っている能力を可能なかぎり活用する。

この三原則に基づいた高齢者住宅法が同年の一九八七年に制定され、これによって一九八八年一月一日以降は、プライイエムは二四時間ケア付きの障害のある高齢者・障害者向け住宅とされ、そしてこれの新設は禁止されたのである。そして、プライイエムに代わって在宅ケア制度を充実させるとともに、高齢者の身体機能に適するように設計された高齢者住宅が建設されるようになった。これによって、高齢者の人権尊重が保たれると同時に、住宅とケアが一体化した施設運営にかかる膨大な経費の削減が実現されたのである。

現在、デンマーク全国のコムーネのほとんどが、二四時間体制の在宅ケア制度によって、自宅や介護のない高齢者向け住宅で生活する高齢者の日常生活を援助している。在宅ケアの内容は、在宅介護と看護、配食サービス、補助器具（自助具）の貸し出しなどである。主には、ホームヘルパーによる掃除や洗濯、買い物、食事の用意、入浴と排泄の介助、そして訪問看護婦による定期的な健康診断や投薬、あるいは傷の手当てなどである。このほかに、高齢者の外出のための送迎バスやタクシー料金の援助などの交通サービスもある。こうした在宅ケアは、高齢者のほかにも障害者や退院後のリハビリテーションやターミナルケアの期間にある人々にも提供されている。

これら在宅ケアのサービスを受けるためには、コムーネのニーズ判定会議による認可が必要である。ニーズ判定会議は、地区のホームヘルパー主任、老齢年金・障害者年金課の職員、福祉課長、コムーネ議員、家庭医、訪問看護婦などのなかから三～四人と本人およびその家族によって行われる。高齢者や障害者の一人ひとりにとって最適な援助が在宅ケアであって、これが無料で施されているのである。

補助器具や介護用の設備機器が必要な場合には、身体の機能回復訓練指導者である理学療法士と作業療法士の認定を受ける。そして、日常生活の動作訓練を担当する作業療法士が障害者に適した補助器具や設備機器を選定する。また、理学療法士と作業療法士ともに、障害者のための住宅改造や補助器具開発においては、建築家やインダストリアル・デザイナーおよび開発メーカーへ必要な情報を提供している。

在宅ケアを基本にした高齢者福祉政策に則ってプライイエムに入居できるのは、二四時間看護の必要な高齢者と障害者にかぎられている。これも、ニーズ判定会議によって認められた人々である。現在のプライイエムに住んでいる高齢者は、アルツハイマーや重度老人性痴呆症を患っている障害者であることが多い。ここで高齢者は、トイレとシャワーの付いた個室に、それぞれ長年親しんできた家具や調度品などを自分たちの好きなように設置して住んでいる。そこには必ず家族の写真があり、訪ねていくと写真上の顔を指差しながら一人ひとりを紹介してくれる。

プライイエムに入居していない高齢者は、在宅ケアを受けながら自立した生活を営んでいる。プライイエムに代わって建設されるようになった高齢者住宅は、補助器具や在宅ケアの援助を受けながら自立した生活のできる七〇歳以上の高齢者を対象にしている。こちらの方も、ニーズ判定会議で入居が認められることが必要である。高齢者住宅は車椅子の利用やヘルパーの動作に必要となる空間が確保されているほか、移動リフトや高さ調節ができるキッチン設備の設置のために住宅改造が可能であるように設計されている。高齢者住宅の一戸当たりの面積は最低六七平方メートルとやや広めに設定されており、ここに浴室とトイレ、キッチンが設備されている。洗濯場やリビングルーム、ホビールームなどの共同の部屋は、住んでいる人々の交流の場となるように設置されている。

高齢者が孤立することなく、多くの人々と交流しながら活動的で楽しい生活を営むことが高齢者住宅の設計においては考慮されている。一九九七年一月に改正された法律によって、新築あるいは改築される高齢者住宅は、若年層向けあるいはファミリー向け住宅を含む集合住宅群内に建設されることになった。これは、高齢者が同年代の人々だけでなく、さまざまな年齢の人々とも交流できるように配慮されたものである。高齢者が特別な環境でなく、普通の環境で生活できることを意図したノーマリゼーションの具体化である。

オーデンセ・コムーネでは、歩行者と自転車や乳母車、車椅子など自動車と比べると弱者になるものが心地良く通れるような道路対策なども進めている。屋外施設の改善に取り組んでいる公園・道路課では、コムーネ内を通行する車両台数の増加にともなって深刻になってきていた交通事故の発生件数を減らすために、交差点をロータリーに造り換えたり、自転車道・歩道と自動車用車線を立体交差にしたりしている。これらの工夫によって交通事故は確実に減少したと、オーデンセ・コムーネを訪ねたときに公園・道路課に勤めるコニーさんが話してくれた。

オーデンセの街のなかは、自動車が速度を落とさないと走れないような路面の凸部やロータリーがあって、自転車と歩行者が優先されているので安心して走ることができる。二〇〇三年までオーデンセ・コムーネは「デンマークの国定サイクルシティ」に選定されていることもあって、コムーネ内の自転車利用者を増やすために、自転車駐輪場の設置場所や自転車道の整備などが進められている。中心街を通り抜ける車両台数を少なくして、自転車の利用を増やそうというのである。自転車と公共交通機関を組み合わせた交通手段を奨励するために、オーデンセ駅には既存の自転車置き場に加えて四〇〇台分の自転車置き場を新しく設置した。

こうした事業が功を奏したのか、私が初めてオーデンセを訪ねたころから比べると、中心街を通行する自動車の台数が減っているように見える。そして、空気がきれいになって、騒音も和らいだように思える。

自転車だけでなく、乳母車や車椅子が快適に安心して街に出られるようにする対策にも公園・道路課は取り組んでいる。コニーさんは、「今日は車椅子を利用しているビアテさんも来てくれたから、一緒に街を歩いてみましょう」と提案してくれた。病気で車椅子生活を送っているビアテさんは、障害者団体を代表して公園・道路課の街路整備事業に協力をしている。ビアテさんの車椅子生活は長く、現在は電動の車椅子と手押しの車椅子の両者を利用している。そこで、彼女は街の歩道を車椅子で通行してみては、その具合を公園・道路課へ報告しているのである。

「せっかくだから、観光を兼ねてアンデルセン博物館まで行ってみましょう」とビアテさんは言って、私たちの先頭に立ってゆっくりと車椅子を走らせ始めた。

オーデンセの中心街で、商業区域にあるコムーネの役所周辺は、最近の再開発で乳母車や車椅子が通りやすいように歩道の幅や路面が改善されている。大きな敷石は乳母車と車椅子が滑らかに通れるように、そして、小さな敷石は盲人が杖で進行方向を確認できるようになっている。しかし、「そうは簡単にはいかないのよ」とビアテさんは言う。古い歩道は狭いために、車椅子が大きな敷石の上だけを走るというのは難しいのである。歩道が切れる交差点では歩道と車道の間に斜面が造られているのだ。「これも気を付けていないと小さな段差に車輪が引っかかってしまう」と、ビアテさんは慎重に車椅子を動かしている。

大通りを無事に渡り、アンデルセン博物館のある旧市街へ入ると、昔そのままの石畳の凸凹にビアテさんは車椅子ごと揺られている。自転車で古い石畳を走るときに身体中に振動が伝わって不快であることを私は知っているので、車

アンデルセンが幼少期を過ごした家

椅子に乗っている彼女の様子がよく分かる。屋根の低い小さな煉瓦造りの家が軒を連ねている横丁に、アンデルセンが幼少のころに家族と住んでいた家があり、そこが改造されて現在は博物館になっている。古い建物のなかにある公共施設の多くでは、表玄関が狭かったり、段差があったりして、車椅子を利用する人々は特別に造られた専用玄関から入るようになっている。ここアンデルセン博物館でも表玄関は人が一人やっと通れるくらいの狭さなので、車椅子で入場する場合には係員を呼ぶことになっている。

「今日は休館ね、残念なこと」とビアテさんは言うと、アンデルセンの幼少のころについて少しばかり話してくれた。「オーデンセ・コムーネの公園・道路課に彼女はうるさいほどいろいろと注文をつけるのだけれど、優しい人なの」と、コニーさんが私の耳元でささやいた。

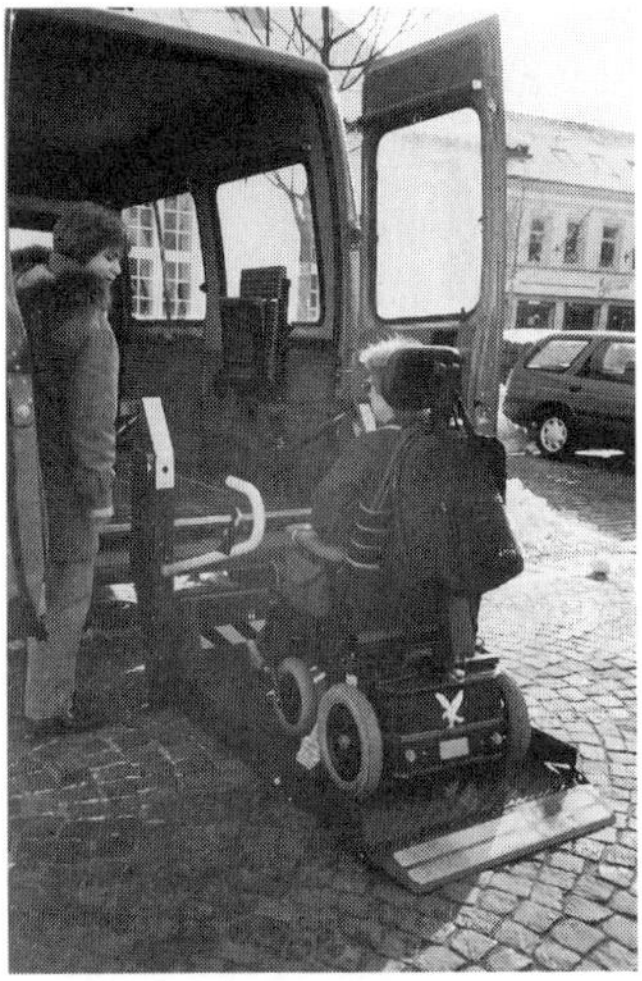

車に乗り込むビアテさん

アンデルセンの話を聞きながらゆっくりとツアーの出発地点であった庁舎に帰ってくると、ビアテさんは彼女が車椅子ごと乗り込むために改造されたワンボックス型の車を見せてくれた。後ろの扉の外には昇降機が付いている。ビアテさんの専任ヘルパーのメッテさんが車体に付いているボタンを押すと、昇降機の台が開いて降りてくる。台を地面の高さまで下ろして、自動車の後ろの扉を開くと、ビアテさんが自分で車椅子を作動して昇降機の台の上に進む。メッテさんはビアテさんが昇降機の台の上にしっかり乗っているかどうか確かめると、台を自動車内の床の高さまで上げる。すると、ビアテさんは車椅子を車内に進める。自動車の扉と台を閉じると出発の準備は完了である。昇降機の操作は自動車に付いているボタンで行うだけなので、ビアテさんの乗っている車椅子や鉄板の台を持ち上げたり下ろしたりするという重労働で腰などをメッテさんが痛めてしまうようなことはない。

ビアテさんの利用している自動車は彼女の専用車であるが、デンマークでは車椅子を利用する高齢者や障害者の交通を助けるために、同じように昇降機の付いた車椅子専用の座席のないミニ・バスが走っている。前日までにバス会社に迎えを頼んでおけば、指定した時間にミニ・バスがやって来る。運転手が車椅子の乗降を助けてくれることは言うまでもない。

ビアテさんが車のなかから「今日はどうもありがとう。オーデンセを楽しんでいってね」と言うと、メッテさんが車を走らせて彼女たちは家路に就いた。車椅子を利用しているビアテさんがオーデンセの観光名所を案内してくれるとは思いがけず、その彼女の優しさに私は心を打たれた。

第6章

大陸へ続くユトランド半島

デンマークのなかのデンマーク

北海に突き出したユトランド半島は、西海岸は北海、東海岸はバルト海に面している。北部はリムフィヨルドとマリエイアフィヨルドが半島の内陸まで入り込んでいて、水に恵まれた土地である。フィヨルドの沿岸にはすでに石器時代に人々が住んでいたことが明らかにされているほか、バイキングの住居跡や墓地が残されている。半島の中央部はいくぶん起伏があり、丘と湖が美しい景色を織り成している。海抜一七三メートルの、デンマークの最高地点もこの地域にある。南部は日本の水田風景によく似た平らな土地で、関東平野出身の私は幼いころに電車の窓から眺めた風景を見ているようで、懐かしさを覚える地域である。

大陸のおおらかな地形の上に生活をしているユトランド人は、コペンハーゲンの位置するシェラン島に住んでいる人々よりものんびりと話すだけでなく、より寛大な気質を備えているような印象を受ける。

デンマークの人々や暮らしを語るとき、典型として挙げられるのはヨーロッパ大陸と陸続きのユトランド半島のものである。大都市のコペンハーゲンは、ヨーロッパをはじめとする諸外国との交流が多く、人々の暮らしも都会的であってデンマークの典型にはならないとデンマーク人の誰もが言う。そして、現代のデンマーク社会と文化の基礎が培われたのは、緑の耕地と牧草地がどこまでも広がるユトランド半島においてであった。

国外では、デンマークは農業国としての印象が強いのだが、これは近現代のデンマークの発展が農業における改革をともなってもたらされたからである。フランスをはじめ各ヨーロッパ諸国で起きた自由主義運動はデンマークにも及び、一八四九年には自由と平等を唱える自由主義憲法が制定され、農民の団結や政党支援が開始されるようになった。

地主の土地を小作人が耕すという農業のあり方は一七八八年の農民解放によって廃止され、土地の再配分と小農の地位確立、独立自営農民の創設とともに義務教育の導入が図られた。ちなみに、一八一四年の教育法で七年間の義務教育制度が設けられている。

こうしたデンマークの近代国家への変革が図られるなか、牧師であり詩人であるニコライ・F・S・グルントヴィ（Nikolai Frederik Severin Grundtvig：一七八三～一八七二）は若い農民を啓蒙し、新しい国づくりに積極的に参加する必要性を説いた。そして、教師と生徒の対話による「生きた言葉による教育」が重要であるというグルントヴィの教育思想を受けて、農村の青年を対象とした「国民高等学校」が一八四四年に開校した。デンマーク語では「フォルケホイスコーレ（Folkehøjskole）」と呼ばれ、現在デンマーク各地にある成人教育機関のフォルケホイスコーレは、一八五一年に教育実践家のクリステン・コル（Christen Kold：一八一六～一八七二）によってフュン島のリュスリンゲに開校されたものが原型となっている。ここでは試験はなく、教師と生徒の対等な対話を軸とした人間形成を目的に教育が行われ、やがてこの教育思想は、現代のデンマークにおける義務教育課程を含む全教育機関において実践されるようになった。

農民への教育普及はデンマークの農業を躍進させることになり、一八二〇年から一八七〇年の農業生産は二倍に増加している。ところが、一八六四年にデンマークはプロイセン・オーストリアとの戦争で敗北し、土地が肥えているためにデンマークの農業にとって重要な地域であったユトランド半島南部のシュレスビヒとホルスタインをプロイセンに割譲することになり、国民は落胆し、気力を失ってしまった。かつてはノルウェーとスウェーデンに権力を及ぼし、アイスランドや中米の小さな島までを領地としていた大国デンマークは、いまやバルト海の西にある小国になったのである。

しかし、プロイセン・オーストリアとの戦争では将校であったエンリコ・ダルガス（一八二八〜一八九四）は「外に失いしものは、内に獲得すべし」と唱え、ユトランド半島の痩せてヒースが覆い繁った土地を開拓し、土地改良とともに植林や灌漑、道路建設などの農業振興事業に貢献した。こうした事業によって一〇〇万ヘクタールもの荒れた土地が耕地や防風林、植樹林に生まれ変わり、デンマークの国力は復興したのである。このことについては、内村鑑三(1)が『ダンマルク国の物語』で述べている。

一九世紀末に自由主義経済が発展し、農業においては穀物の市場競争が激しくなって価格が不安定になると、デンマークの農家は穀物から酪農へと転換していった。当初、バターやチーズなどの乳製品づくりやベーコンやハムなどの食肉の加工は、家内工業として各農家で行われていた。しかしやがて、加工工場を共同で設けた方が効率的であると考えた農民たちのイニシアチブによって「農業協同組合」が発足された。一八八二年にバターの共同製造販売を開始した協同組合がデンマークでは最初のものであり、一九三五年には約一四〇〇の組合が数えられたという。

デンマークには農業協同組合だけでなく、各業種別の労働組合や住宅共同出資組合、消費者生活協同組合のほか風力発電機共同出資組合まで、たくさんの種類の共同出資による団体がある。しかも、デンマークの二大スーパーマーケット経営団体のうちの片方は消費者生活協同組合である。「団結して取り組もう」という言葉が、問題解決に際してデンマーク人の間でよく唱えられる。一人の小さな力ではなく、複数の人々が集まって知恵を出し合って問題を解決していくという考え方はとてもデンマーク的であって、これは痩せた土地を助け合って開墾し、共同出資で農業協同組合を結成したところにもうかがえる。

今日では、デンマークの食肉会社および乳製品加工会社はそれぞれの分野においてヨーロッパ

（1）（一八六一～一九三〇）キリスト教思想家、牧師。札幌農学校在学時にキリスト教に入信。日露戦争開戦にあたっては非戦論を唱えた。『ダンマルク国の物語』（岩波文庫、一九一一年）は、一九世紀後半に農地を開拓して国力を復興したデンマークの姿に感銘を受けた、内村の講和録である。

最大の企業になっているが、これらも農業協同組合が運営する会社から始まって、合併などを経て、時を重ねて大きく成長したものである。デンマークの農業協同組合を中心に発展した農業は、世界各国においても近代および現代農業の手本として注目されており、日本をはじめ諸外国から視察団や研修生がデンマークの農業を学ぶために訪れている。

見渡すかぎり広がる緑の大地にはポツンポツンと離れて農家屋があって、一戸の農家が所有する土地の広さは住宅街育ちの私には想像することさえできない。広大な耕地やたくさんの家畜の世話を少ない人手で可能にしているのは、機械化と効率化である。どこの農場も耕地の一区画がとても大きくなっていて、最大級のトラクターや収穫機でダイナミックな作業が行われている。貯蔵庫や家畜小屋には自動制御システムが取り入れられていて、農家屋というよりは工場といった雰囲気である。

デンマークの農家は農業を営んでいるという誇りが高いように私には感じられるが、これは、デンマークの農家は自営業者としてそれぞれ独立した経営者であるからだと思う。また、農業従事者となる者は自営あるいは被雇用にかぎらず、農業学校で理論と実習を通して農業を学ぶ必要があり、さらに農地を購入するものは「グリーン証」(2)という資格をとらなければならない。デンマークでは、親族の土地を譲り受ける場合、相続ではなく購入するのが一般的であるが、親族の農業用地を引き継ぐ場合には、土地を購入する子どもはグリーン証を取得していなければならない。したがって、デンマークの農業従事者は自分の意志で農業を選んで職業としていることになり、それゆえ自分の職業に誇りをもっている。これは、大工や電気工、金属工、家具職人などの世界でも同様で、それぞれに自ら選んで目指す職業の技術を習得する学校を修了した者が、それぞれの職人として誇りをもって仕事をしているのである。

ところで、農業国のイメージが強いデンマークだが、現在の国民総生産のうち農業の占める割合は五パーセント未満で、工業製品の割合は約二〇パーセントとなっている。つまり、農業は主要産業になっていないのである。しかしそれでも、デンマークの人口五三〇万人の三倍を養えるというだけの農業生産高を上げ、その約三分の二をヨーロッパをはじめ世界各国に輸出している。日本が大幅な貿易黒字国としてジャパン・バッシングを受けていた一九九〇年代でも、デンマークからの豚肉の輸入量が膨大であったため、日本にとってデンマークは唯一の貿易赤字国であった。

ユトランド半島のゆったりした風景から激しい経済競争のかけらも感じられないが、厳しい自然と風土のなかで培った教育と団結という知恵が、国際競争に負けない小国デンマークを築いたのである。

（2）三〇ヘクタール以上の農場を購入する者に課せられる資格。各地域の農業専門学校において基礎教育と職能・技術教育期間が三年間続き、一八ヵ月の農業管理者コースを一定水準以上で終了した者に与えられる。

南北に続く道

フーバートと私は、特急列車のＩＣ３でユトランド半島南部の東海岸に位置するヴァイルに向かっていた。ヴァイルで列車を降りて、自転車で北西に向かいイェリンの街を通ってから、中世には南北の交通に利用され、ユトランド北部からドイツを経てローマまで続いていた旧街道を北上しようというのである。

列車がフュン島とユトランド半島の間にある海峡にかかる橋を渡ると、海岸の工業地帯が迫ってくる。煙突のある重油精製所や火力発電所、セメント工場などの大きな施設と、車両用と列車用のそれぞれの橋が海岸に交差するように見える景色は、近代の工業発展を象徴するようにダイナミックである。海峡に面したフレデレシアの景色は、私にはデンマークではなく日本の京浜工業地帯を見ているように思えるくらいであった。この一帯には大きな工場の合間に魚肉加工工場や堆肥製造工場などの小規模な工場も数多くあって、まさにデンマークでは最大規模の工業地帯となっている。

私たちの住んでいる森と湖に牧草地というのどかなシェラン島北部とは異なる景色を列車の窓越しに見ながら、ヴァイルでマルチメディアの技術を勉強している友人を思い出して、「サーンはどうしているかな」とフーバートがつぶやいた。

コペンハーゲンでは夏とは言葉ばかりの肌寒い雨の日が続いていた二〇〇〇年六月のある日、そのサーンから電話があった。私が最初に電話をとってフーバートにつないだが、コペンハーゲン近郊に住んでいるはずのサーンからの電話にもかかわらず、声が小さく、それも屋外のどこか遠い所からの電話のように感じられた。フーバートはサーンと話し終えると、「どこから電話してきたと思う？　彼はノルウェーの最北端の街ノーカップまでの自転車旅行中で、今スウェーデンにいるんだよ」と言う。「話には聞いていたけれど、本当にするとは……」と、フーバートは興奮気味である。

自転車好きなデンマーク人がゆえに自転車で長距離旅行を行った例は少なからずあって、コペンハーゲンからインドまで、あるいはシベリア横断や北極圏の六〇〇キロメートル内側に位置するノルウェー最北端到達という記事が自転車雑誌や新聞、テレビなどで紹介されることが現在でもたびたびある。サーンも今までに何度も自転車旅行をしているのだが、今回のような長距離の旅行は初めてだし、しかもノーカップというと北欧のデンマークからでも約三〇〇〇キロメートル北上することになり、その間は果てしなく森が続いていて、人家のない所を延々と走り続けることになるから、通常の自転車旅行のようにはいかない。私にしてみれば考えるだけでも気が遠くなりそうなのに、それを単独旅行だというから彼の勇気と精神力には恐れ入った。

その後、一週間に一度くらいスウェーデンの片田舎を走っているサーンから電話があり、夏至を過ぎたころ、遂に「今日、ノーカップに着いたよ」との知らせがあった。遠く離れた所からの電話では彼とゆっくり話すことができずにいたが、しばらくしてデンマークに戻ったサーンから便りがあった。その手紙によると、やはり自転車でノーカップを目指していた二人のベルギー人と旅行の途中で知り合って、ノーカップ到達は彼らと一緒であったという。それを記念して撮影した彼らとの写真が同封されていた。

ヴァイルフィヨルドの入り江の奥にヴァイルの街はある。ヴァイル(3)は一二五〇年には教会が築かれ、一三二七年には商業許可が与えられた古い街である。この古いヴァイルの街の外側に、繊維や皮革、マーガリンやチューインガム、鉄製品などの工場が立ち並び、新しい街の顔をつくっている。近年は会議室などを備えたホテル

サーンのノーカップへの旅
（撮影：Søren Højer Nielsen）

が増えて、ビジネスのためにヴァイルを訪れる人々が多くなっている。

列車を降りて旧街道の通るイェリンを目指して走り始めると、ヴァイルの街のにぎやかさがまだ耳に残っているうちに、右も左も行く手も樹木だけの大きな森にさしかかった。森はヴァイルフィヨルドを囲むような丘にあって、坂を上り切ってもまだ森は続いている。そして、森を抜けると見渡すかぎり緑の農地が広がっていた。いわゆる、ユトランド半島の景色である。妨げるもののない広大なユトランド半島の大地には、いつも西海岸からの風が吹いている。途中に立ち寄れるような商店街やドライブインどころかガソリンスタンドもなく、ひたすら風のなかを走っていくのである。

フーバートは、「ティーンエイジャーのときにユトランド半島を自転車で走っていて、エネルギー切れでひっくり返った」ことがあると言う。夏休みに、シェラン島からユトランド半島の東海岸中部にあるデンマーク第二の都市オーフスへフェリーで渡り、そこから彼のおばあさんを訪ねてユトランド半島北部の街であるホブロまで自転車で走ったことが数回ある。そのときが初めてのときで、強く吹きつける風のために体力を消耗し、しかも途上には食料を得られる商店やガ

（３）　一八五七年まで、地域の領主が地域内の商業を統率していた。一八五七〜一九七〇年までは商業行為を申請した者で、それが商業地区内であれば商業を営むことができた。商業行為が、国内の全地域へ開かれたのは一九七〇年である。

ソリンスタンドがなく、空腹のまま走り続けていると頭がクラクラしてきて、緑の畑に身体を放り出して大の字で「休憩」ということになったのだ。

「横になっている僕の傍を通りかかったユトランド人は、コペンハーゲン人が格好つけて自転車でやって来たものの疲れて倒れたのだと思ったのだろうけれど、こちらはそんなことに構っていられるような余裕はなかった」と、フーバートは付け加える。彼によれば、ユトランド半島を自転車で走ることは決して遊びではできないのだそうだ。


旧街道は、デンマークとドイツの国境の街パドボーからユトランド半島南部と中部を南北に縦断し、ユトランド半島北部の入り口にあたるヴィボーまで続いている。約二四〇キロメートルの旧街道を遊歩道と自転車道が併走し、自転車道は「国定自転車旅行第三ルート」(4)となっている。ユトランド半島北部に向かってヴィボーから続いてきた自転車旅行第三ルートは、その先、デンマークの最北端の街スケインまでつながっている。

旧街道に近いイエリンから南部は国境地帯という雰囲気である。平らな低地が広がり、とくに西海岸は大きな堤防が農地や街を守っていて、オランダのような風景である。昔は旧街道を下ってドイツ国境の市場で家畜が売買されていたこともあり、現在でもドイツとの交流が深い。もちろん、国境を越えてデンマークを訪れるドイツ人が多く、そのせいかドイツ語に触れる機会に恵まれているためこの地域のデンマーク人はドイツ語に堪能である。その上、この地域に住むドイツ人家族のためにドイツ語で授業を行う学校も開かれている。

デンマークをはじめ北欧に初めてキリスト教が伝えられたのも、ユトランド南部の地域である。フランスの修道僧アンスガー（Ansgar：八〇一～八五〇）が、北欧にキリスト教を伝えるためにデンマークにやって来たのは八二六年である。旧デンマーク領のシュレスビヒのヒーデビュとユトランド半島南部の西海岸の街リーベに教会を設け、八三〇年にはスウェーデンにも教区を創設した。ヒーデビュは九〇〇年代には北欧で最大の街に発展し、またリーベは中世のデンマークにおいてもっとも重要な港街となった。アンスガーは、八三一年にはドイツのハンブルグで、八四七年には同じくブレーメンで北欧方面の大司教としてキリスト教布教に務めている。

南ユトランドの風車

イェリンは約九三五年ごろにデンマーク国王となったゴーム老王（Gorm den gamle：?～九五〇年頃）が治める土地であった。イェリンの教会の南側と北側にはゴーム老王と王妃チュラの墳墓があるほか、教会の前にはゴーム老王

(4)　自転車専用道路や各アムト指定の自転車ルートおよび自転車道のある一般道を結んで、デンマーク全国を東西南北につないだ旅行ルート。現在一〇ルートある（「はじめに」を参照）。

がチュラの思い出のために、そしてゴーム老王と王妃のチュラの息子で国王の地位を継いだハラルド・ブロータン（Harald Blåtand：九八五年頃没）が両親の追憶のために立てたという二つの石碑がある。[5] 二つの石碑は、当時、北欧言語を表記するために用いられていたルーネという文字で、先だった妻あるいは亡くなった両親への思いが書かれている。

　ハラルド・ブロータンは、キリスト教をデンマークの国の宗教と定めた国王である。彼が両親のために立てた石碑には、ヘビの模様のなかに十字架にかけられたイエス・キリストが描かれているが、これは彼のキリスト教信仰を表していると考えられる。ハラルド・ブロータンは、デンマーク国内の四ヵ所に城を築いて平和な統治を目指し、ノルウェーの国王にもなった。

　デンマークで開発された情報通信技術の「ブルーツース」は、ハラルド・ブロータン（青い歯）の名前をとったものである。勇壮な男たちが大海に出てヨーロッパ中に勢力を及ぼし、ある者は大西洋を越えて北アメリカやグリーンランドにまで達したというバイキング時代（八〇〇～一〇五〇）に国王として国内を平和に統治し、キリスト教を国の宗教として定めたハラルド・ブロータンは、現代のデンマーク人が誇りとする歴史上の人

北欧共通ルーネ文字（西暦700～1050年）

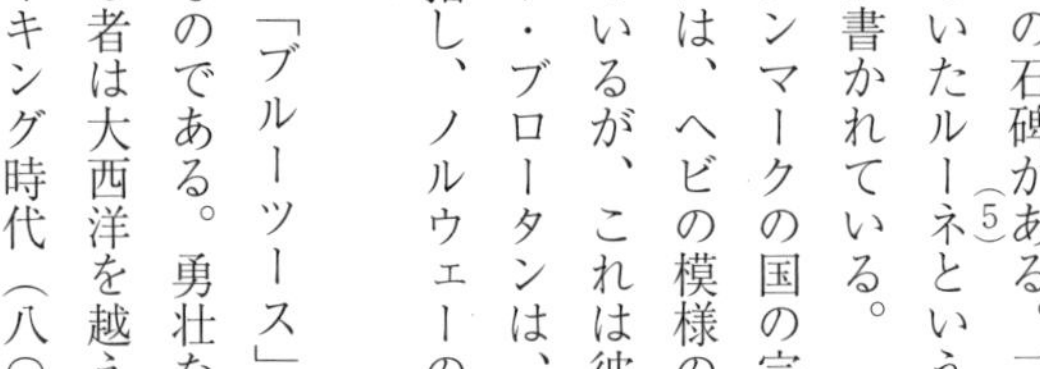

物である。

バイキングというと、海を渡った異国から品々を略奪した粗暴な海賊という印象がある。しかし、バイキング船には農奴や技術師、商人も乗り込んでいて、彼らによって、訪ねた土地と本国の間で貿易や文化交流も行われていた。船底が平たく、大きなマストに風を受けて、あるいは無風のときには大勢で漕いで進むバイキング船は、デンマークやスウェーデン、ノルウェーの海岸から出航した。スウェーデンのバイキングは東に進路をとり、バルト海を越えてバルト三国や河川を伝ってロシアから黒海やカスピ海にまで達している。ノルウェーのバイキングは西に向かって、アイルランド、スコットランド、フェロー諸島、アイスランドやグリーンランドまで航行したほか、ある者は北アメリカ大陸を訪ねている。中世にコロンブスがアメリカ大陸を発見したことが知られているが、北欧の人々は「バイキングがコロンブスより数百年も前にアメリカ大陸に上陸していたのさ」と胸を張る。デンマークのバイキングはイギリス東海岸へ向かったほか、ヨ

（5）　ゲルマン民族共通のアルファベット。デンマークでは、時代ごとに三種類のルーネ・アルファベットが発見されている。紀元から七〇〇年頃まではゲルマン民族共通の二四文字の古ルーネ、約七〇〇〜一〇五〇年には北欧諸国共通の一六文字の新ルーネ（イエリンの石碑に刻まれたもの）、約一〇五〇〜一四五〇年のものは中世ルーネである。ルーネ文字による筆記法は現代まで受け継がれてきたが、用途は筆記のみで読まれることはなかった。

ーロッパ大陸の大西洋岸に沿ってオランダからフランス、イベリア半島を回って地中海を航行し、北イタリアにまで及んでいる。

フランスの「ノルマンディー」と呼ばれている地域は、バイキングの時代に北欧の人々を指して称したノルマン人が住みついた地域である。ノルマンディーをはじめフランスやイタリアの各地には、バイキングがもたらした文化の影が現在も残っている。そして、これらの地域でときどき見かける大柄で青い瞳とブロンドの髪の人々は、その昔、デンマークからやって来たバイキングの子孫なのである。

デンマークにはこのバイキング時代の初期に国家が成立し、キリスト教が伝えられたとともにアルファベットや暦がもたらされた。そして、造船や航海技術が大きく発展した時代でもある。北欧が南欧と歩調を合わせて発展してきた背景には、バイキングの活躍があるのだということを忘れてはならないのである。

イェリンを過ぎた所にある小さな集落のムールヴァングから、旧街道を私たちは北上する。たくさんの丘と湖があるユトランド半島中部を通り、ヴィボーまで約一〇〇キロメートルの道のりである。道路脇には、国定自転車旅行ルートの三号線であることを示す案内版が立っている。標示版には自転車と数字の「3」とともに「Hærvejen（ヘアヴァイエン）」と書かれていて、ここが昔は街道であったことを伝えている。しかし、ヘアヴァイエンという名は、各地方の兵隊が行き来したところから名付けられた通称で正式な道路名ではない。本当の名前を標示する道路名標示には、「牛通り」とか「鳥通り」、「バイキング通り」、「王道」などという通りの名前が表記されている。

その昔には、この街道を一年間に五万頭もの牛が国境を越えてドイツの市場まで歩いたり、キリスト教の巡礼者がローマやエルサレムまで徒歩で向かったという歴史がある。ユトランド半島の南北をつなぎ、ヨーロッパの南北をつなぐ街道は、鉄道が普及する一九世紀中ごろまで一〇〇〇年以上も長い間大きな役割を果たしてきた。街道沿いには野草が多く繁っているが、草の根下には中世からの一〇〇〇年間の歴史が隠されているような気がして、芭蕉の『奥の細道』にある「夏草や兵どもが夢の跡」という句がふと頭に浮かんだ。多くの年月を経て大きく成長した風避けとしての並木の樹木だけが、街道で起きたことの一つ一つを語れる証人なのである。

デンマークの天山

ユトランド半島の中央部は丘が多く、その間にたくさんの湖がある。これはデンマークのほかの地域と同様に、最後の氷河期が終わって氷が溶けて流れ出したときにできた地形のためである。

ユトランド半島東海岸に位置する街のオーフスと半島のほぼ中心に位置する街のシルケボーの間に、デンマークの最高地点がある。

シルケボーの南部は森が多く、牧草地や畑の平原を左右に見ながら旧街道を走っていくと、こんもりした緑の山が目の前に現れてきて、デンマークの最高峰がすぐそこにまで迫ってくる。低地を流れるいくつもの川を越えていくと、森に近づくにつれて道は緩やかに上り坂となり、少しずつ標高が上がってくる。大きく広がる森のなかに見える高台がデンマークの最高峰である。

デンマークの最高峰のユディンホイは一七三メートルである。近くには一七一メートルのアイアーバウネホイもあるが、ユディンホイには頂上に墳墓があり、このためにデンマークの最高地点になっている。残念なことに、森の大きな樹木のほかに軍のアンテナが立っているため、ユディンホイの頂上に登っても期待するような景色は見られない。しかし、二メートル低いアイアーバウネホイには一九二四年に建造された高さ一三メートルの展望台があり、ここから森と丘や湖、河川のつくる美しいユトランド半島中央部の景色が眺められる。

私たちは旧街道からそれて、「ヒンメルビアオ」と呼ばれる山の頂上をきわめることにした。ヒンメルビアオはシルケボー南部の大きな森のなかの、ユルスゥという湖の近くにある。森のなかには地方指定の自転車道が続いていて、これに沿って森のなかに入ると自転車道はアップダウンを繰り返すことになり、その間にいくつもの湖に出合うことになる。緑の樹木の間から日光をキラキラ反射している湖の水面が見えて、その美しい風景に思わず立ち止まってしまう。

ヒンメルビアオに近づくと、緩やかな上り坂になる。山の中腹と思われる所に駐車場があって、ここから車を降りて徒歩で登る人々も多い。駐車場を過ぎてもなだらかな坂が続き、やがて目の前が開けるとそこが頂上であった。頂上に近づくにつれて傾斜が急になり、息を切らして登るのが山であると思っている日本人にとっては、あまりにもあっけなく頂上にたどり着いてしまうヒンメルビアオには拍子抜けしてしまうだろう。

ヒンメルビアオの高さは一四七メートルで、先に述べたようにデンマークの最高地点ではない。デンマーク語では「天山」という意味の名前で呼ばれているにもかかわらず実は山ではなくて、丘陵の頂点である。しかし、頂上からの風景は素晴しいもので、デンマーク人がヒンメルビアオを誇らしげに語る気持ちがよく分かる。眼下にユルスゥ湖や森のなかを辿る河川、ヒースの丘などが美しいハーモニーをつくり出している。高さ二五メートルの展望台に登れば、より壮大な景色を楽しむことができる。この展望台は、一八七五年にフレデリック七世（一八〇八～一八六三）を偲んで建てられたものである。

頂上から見える森のなかに、リムビアオコル（一一三メートル）、ストアクヌス（一二九メートル）、リルクヌス（一一七メートル）など、デンマークにおいては標高の高い、しかし日本人にしてみれば小さな山がいくつかある。私たちは、デンマーク人の言う「デンマークの屋根」を探検することにした。

森のなかの地面は外からは見えない小さな凹凸がたくさんあって、それが立体的な景色をつくり出している。自転車で森のなかを通る小道を走っていると、周囲の樹木が小道の上になったり下になったりして、ジェットコースターに乗ったときのような風景の変化が体験できる。道に出っ張っている岩や木の根に気をつけながら走っていると、急に目の前が開けて、小さな広場にベンチが置かれてあったりする。

デンマークでは、高台の樹木の下にベンチがあったら、それは絶景を展望できる場所を意味している。ヒンメルビアオ付近には「アンデルセンのベンチ」と名付けられているものが二ヵ所設置されている。童話作家のアンデルセンは一八五四年にシルケボーの友人宅に長期間滞在したことがあり、美しいヒンメルビアオ付近の風景に感動して童話の着想を得たという。この逸話にちなんで、二ヵ所のベンチにアンデルセンの名が付けられたのである。

ヒンメルビアオ周辺の森と湖の美しい風景を堪能したフーバートと私は、もと来た旧街道へ戻るためにシルケボーの街へ向かった。シルケボーは、一五世紀には国王の城と司教の居城があったがそれ以降は衰退し、アンデルセンの時代には、彼の友人が所有する製紙工場のほかに貿易商と倉庫があるだけで閑散としていたらしい。一九〇〇年に街における商業が許可されてからは製紙工場を中心として発展し、現在では、高校や成人教育機関のあるユトランド中央部の主要都市になっている。

シルケボーからほぼ真東に進むと、ユトランド半島の東海岸にデンマーク第二の都市であるオーフスがある。オーフスにはオーフス大学や建築大学、ジャーナリスト大学などの高等教育機関が多く、「学生の街」という印象を与えている。また、コンサートホールや美術館などの文化事業施設も充実している「文化の街」でもある。

オーフスは、一二〇〇年ごろに現在の聖堂のある場所に小さな教会が建てられてから少しずつ街が大きくなった。一四四一年に商業の許可が与えられているが、大きく発展したのは一九世紀半ばごろからである。多くの企業が中心街に集まり、物資輸送のためにオーフス港は大きく拡大した。産業の発展と同時に、街で働く人々のための集合住宅群が次々と建てられて、小さな街でありながらオーフスは産業のあるダイナミックな都市へと発展したのである。

シルケボーから真西には、繊維産業で発展したヘアニンの街がある。痩せた土地が一九世紀に耕されるまでヒースに覆われた大地が広がっているだけの場所であった。一八四〇年の人口は二一人だったという記録がある。一九一三年に商業の許可が与えられているが、機械工業や鉄鋼業などのほかに繊維産業の工場など、現代的な建築物の多い新しい街である。大規模なメッセ会場や円形の近代美術館も、ヘアニンの顔となっている。

ヘアニンからさらに西へ辿ると、ユトランド半島西海岸に位置している街のリンキュビンに着く。ヘアニンやシルケボーに比較すると小さな街であるが、ほかのユトランド半島の西海岸にある街と同様に長い歴史がある。漁業と牛市場で発展し、のちには造船所も設けられた。一五世紀中期には大きな塔のある教会が造られ、街に商業許可が与えられて賑わっていた。

オーフスからシルケボー、ヘアニンを通ってリンキュビンまでは、地図上ではほぼ東西一直線に並んでおり、現に、直線に各街を結んでいる道路もある。この線上の地域では工場が多く、大規模な土地の開拓による環境破壊や、工場や輸送による大気汚染が問題視されてきた。こうした事態を改善するために産業の街であるヘアニンでは、産業および人々の暮らしと自然との共存を図るために「グリーン・シティ・デンマーク（Green City Denmark）」という会社を一九九四年に発足した。持続可能な開発を目指して、環境に優しい住宅や環境を配慮した事業所、風力発電をはじめとする代替エネルギー供給技術を国内および第三諸国に振興および促進することがグリーン・シティ・デンマークの事業である。そして、グリーン・シティ・デンマークは、各環境関連企業をつなぐネットワークを用意しており、このネットワークに参加している企業の技術や製品、あるいはコンサルタントを

ヘアニンの近代美術館

通して環境事業を実現させている。また、ユトランド半島東海岸のオーフスからシルケボー、ヘアニンを通って西海岸のリンキュビンまでの各コムーネの参加を得て、この産業地帯の環境改善を図り、環境に優しい街の並んだ「グリーン・ベルト」を築く計画に取り組んでいる。グリーン・ベルトに属するヘアニン、シルケボー、イカストとヴィデベックの四コムーネは、公共団体の購買をエコロジカル製品に絞る事業を共同で進めている。

グリーン・ベルトの計画が開始されて数年を経た現在、ヘアニン周辺には樹木が増えて街に潤いが感じられるようになった。まだ若い並木の傍らを心地良さそうにサイクリストが走り抜けていく様子にはすがすがしさがある。ヘアニンは自転車競技が盛んで、地元クラブでは先に挙げたビヤーネ・リースをはじめ歴代のプロ選手を生み出している。また、自転車競技プロチームで、二〇〇一年と二〇〇二年の「ツール・ド・フランス」で活躍したCSC・ティスカリ・チーム(6)の本拠地があり、地元における自転車への関心度はデンマーク国内でもっとも高い地域である。

グリーン・シティ・デンマークのパンフレット

(6)（CSC Tiscali）二〇〇〇年のツール・ド・フランス参加のメモリーカーズ・ジャンクアンドジョーンズ・チーム。スポンサー交代で名称を変更。

グリーン・ベルトの計画が始まってからは、以前にも増して自転車に乗っている人々が多くなったようにも思える。緑の増えたグリーン・ベルト地帯を、自動車から自転車に乗り換えて、公害を出さずに、健康的なライフスタイルへ転向した人々が多くなったということだろうか。

シルケボーを通りすぎてヘアニンへ向かう途中で旧街道に出合う。それまでにすれ違った自転車に乗る人々のうち、スポーツ車にかぎらず通常の実用車や婦人車に乗る人々のほとんどが自転車用ヘルメットを被り、自転車用のショーツをはいてひたすらペダルを漕いでいるのである。コペンハーゲンをはじめ、ほかの都市とは自転車に乗ることへの姿勢がずいぶん違うのに私は少しばかり驚かされた。このことをフーバートに言うと、「このあたりでは自転車に乗ることは真剣なことで、そういう自転車文化がここにはあるんだよ。ヘアニンにCSC・ティスカリ・チームがあるのは単なる偶然ではないんだよ」と返ってきた。

旧街道に出る少し前で、まるでデンマークの屋根を記憶にはっきりととどめるかのように、もう一度大きな上り坂となった。ヒュアビュルンドバッカーという丘を越えると旧街道と交差し、私たちは右へ折れてヴィボーを目指して北へ向かった。

デンマークは王国として統一したのは西暦八一〇年ごろであったが、王室が世襲制となったのは一五世紀のことである。それより前は、王権を狙った豪族同士の争いなど多数の内乱が歴史に残されている。旧街道は、こうした国内の戦場へ向かう兵士たちが行き来した道でもある。豪族の台頭した時代の一二世紀中ごろには、スヴェン三世（?～一一五七、在位一一四六～一一五七）、クヌッド三世（?～一一五七、ユトランド王一一四六～一一五一、シェラン王一一五七）とヴァルデマー一世（一一三一～一一八二、一一五四年に自ら国王と名乗る、一一五七年ユトランド王）の三人の王がデンマークを分割統治したこともある。しかし、この分割統治は内乱後の一一五七年に終止符を迎えた。

ヴァルデマー一世とスヴェン三世の軍がクヌッド三世のユトランド半島に攻め入ると、クヌッド三世は南方のシュレスビヒから軍隊とともに旧街道を北へ上った。ヴィボー周辺でクヌッド三世の軍はヴァルデマー一世とスヴェン三世の軍と出会い、これに敗戦したためオールボーへ逃れた。その後、クヌッド三世の軍はヴァルデマー一世とスヴェン三世の軍に攻め入ったが、これも功を奏せず、クヌッド三世はシェラン島のロスキレで殺害された。このときユトランド半島にいたヴァルデマー一世はスヴェン三世に対して反旗を振りかざし、旧街道の途中にあるグラーテ・ヒーデでスヴェン三世を打ち倒している。こうして、クヌッド三世とスヴェン三世がともに亡くなったため、ヴァルデマー一世が全国を統一する王位に就いたのである。このヴァルデマー一世の時代は一一八二年まで続いた。

グラーテ・ヒーデには、そこでスヴェン三世が倒れたことを示す石碑が立っている。強い風が吹き抜けるヒースの荒野で戦いに敗れて倒れた国王や兵士を思うと、戦争が残酷で悲惨であることが強く感じられる。麦の穂が風に揺れ、牛たちがゆっくりと草を食む牧草地が広がるのんびりとした穏やかな風景のユトランド半島にも、悲しい戦争の歴史が残っている。

旧街道を通ったのは牛や兵隊だけでなく、大聖堂や教会を訪ね歩いた巡礼の人々もたくさんいた。ヴィボーは、一〇五〇年に司教の住居が設けられてから、中世デンマークにおけるキリスト教の重要な聖地となった。ユトランド半島西海岸のリーベがデンマークの中心であった当時は片田舎としてしか見られていなかったヴィボーだが、立派な大聖堂といくつもの修道院が存在し、リーベやほかのユトランド半島の各地域からこの地を訪ねる人々が数多くいたのである。「デンマークは道行く人を襲う者もなく安全な土地」だと、当時からすでに国外では語られていたらしい。しかし、ユトランド半島を南北に通る街道は、人けのない森や荒野を抜け、いくつもの川を渡って丘を越えていく道であって、気軽な散歩の気分で歩く所ではない。緑の息吹を感じながら心地良く自転車で走っている私たちでさえ、飲料水や食料、あるいは体力が次の集落まで保持できるかどうかの気を遣いながらの旅となる。ここデンマークでは、街と街の間には緑の大地と青空が広がっているだけなのである。

空気の変化に気付くと、道は森へと入っていく。森や水辺を自転車で走っているときは、空気が透き通っているような感じがして心地良い。とくに、長距離を走っているときには、呼吸が楽になるようにさえ思える。私たちの心身をリフレッシュしてくれた森を抜けると、高台の上のヴィボーの大聖堂の塔が見えていた。

ヴィボーの大聖堂

北の大地

中世にはデンマークのキリスト教の聖地であったヴィボーは、一一五〇年に商業が許可されて、以来今日に至るまで周辺地域を代表する商業都市であり主要都市である。一七二六年に起きた大火災で街のほとんどが被害に遭ったため、現在まで残っている中世の建築物は数少ない。しかし、大聖堂や旧修道院などは修復されて、その内部には火災から免れた調度が残されている。

中世の聖地であったヴィボーは、今日のデンマークのプロテスタント国教会にとっても重要な所である。デンマークの国の宗教が新教のプロテスタントと定められたのは一五三六年であるが、旧教から新教への改革はヴィボーで始まったのである。旧教であるカトリックの修道僧であったハンス・タウセン（Hans Tausen：一四九四〜一五六一）は、一五二三年にドイツのヴィッテンベルグに渡り、宗教改革を始めたルターの弟子となり、のちにデンマークに帰国するとまずヴィボーでその新しい教えを説いたのである。

教会ではなく聖書のみが規範であること、信仰者はすべて神の前に等しく祭司であるというプロテスタント・ルーテル派の神学思想は、これを国教とするデンマーク人の気質に大きく影響を及ぼしているに違いない。教会に行くのは結婚式と葬式だけであり、優等生を嫌い、平等の意識が強いデンマーク人の今日の姿にピッタリあてはまるように私には思える。

一五三六年のデンマークにおける宗教改革によって、それまでの旧教であるカトリックに対するデンマーク人の信仰は禁止され、全国の教会は国教会に転向した。そして、カトリックの修道院が所有していた土地と建物のほとんどは国王あるいは国教会へ譲渡されたのである。

現在のデンマークでは、一八四九年に公布された憲法によって信仰の自由が認められている。国内にはカトリック教会のほか、ユダヤ教会、イスラム教や仏教の寺院がある。しかし、これら宗派や宗教の信者の多くは外国人で、一般的なデンマーク人の宗教感は食感と同様に保守的であるようだ。一方で、エキゾチック・フードに興味を示して試してみる都会の人々も多いのであるが、こちらの方は宗教に対しては無関心であるように見受けられる。いずれにしても、国教会以外の宗教を信仰するデンマーク人は少数である。

ハンス・タウセン

最近は、宗教の相違から起こる恐怖感などを理由に、排他的な考えをもつ人々が増えていることが問題になっており、このことが新聞やテレビ・ニュースなどで報道されている。これは、一九八〇年代以降急激に増加した移民の多くがイスラム教徒であり、信仰上の理由により彼らがデンマーク社会に融合することが難しく、孤立したグループを形成する傾向にあり、さらにこうした人々が増加していることが問題の発端である。デンマーク人は、彼らの文化や習慣がデンマークの伝統を脅かすものになると言い、外国人はデンマーク社会が彼らを受け入れないとして反発しているのである。そして、こうした反発は外国や異邦人に対する不信感をあおり、外国人問題は膨らむ一方である。そこで、コペンハーゲンやオーフス、オーデンセなどのイスラム系移民の多い都市では、彼らのデンマーク社会への融合を促す団体を組織して問題解決に取り組んでいる。

旧街道はヴィボーが終点である。ヴィボーより北へ向かう道は、ユトランド半島の農地が開拓されたときに築かれたものであるという。元来、痩せた土地に海からの風が強く吹き付けるために、この地域の発展は遅れていたのである。

現在のユトランド半島北部には、リムフィヨルド沿岸にデンマーク第四の都市であるオールボーがある。一三四二年に商業が許可されたという街の中心街には、近代的な建物の間に一三～一四世紀に建てられた教会や元修道院、飾りの付いたファサードの一六世紀の建築物や三〇〇～四〇〇年前の住宅などが多く残っていて、古いヨーロッパの姿が見られる。オールボー郊外にはバイキングの墓地が残っており、街には一〇〇〇年以上の歴史がある。しかし、セメントやたばこ、酒醸造など、大企業がフィヨルドの岸に大きな工場を設けており、工業都市という印象を強く受ける。また最近は、オールボー大学と周辺企業の産学共同開発を中心に、情報通信技術の最先端地域として世界各国から注目を集めている。

夏の晴天の日にリムフィヨルドのゆったりとした流れを眺めていると、水がもたらした豊かな土地がユトランド半島北部にもあるように思えてならないのだが、リムフィヨルドの北側には茶色の土がむき出したままの大地が広がっている。

デンマーク最北端であるユトランド半島の突端で、北海とバルト海から寄せる二つの波がぶつかり合っている。海に長く突き出した陸地の先端には、すでに一五六一年に灯台が造られており、夜の海を行く船に陸があることを知らせていた。そこから南東に三キロメートルほど下った場所に、漁港の街であるスケインが位置している。一六〇〇年代初頭まで灯を点していた、やじろべえ型の灯台が街の象徴となっている。その美しい姿は彫刻として復元されており、港を見下ろす丘の上に建てられている。

一九世紀末のスケインは、夏を過ごすために訪れる文化人で溢れ、そして多くの芸術家を魅了してきた。街には高級ホテルと洒落たカフェが立ち並び、楽しげに行き来する紳士淑女の水着姿があった。ちょうど印象派の画家たちが南仏の強い陽射しが織りなす色彩に取りつかれていたころ、スケインでは北の土地の光がつくる独特の色がキャンバスに写し撮られていたのである。彼らの作風は「スケイン派」と呼ばれ、夏でも涼風が優しく日焼けした肌をなでる空気の色が画面に残されている。ミケエル・アンカー（Michael Ancher：一八四九～一九二七）とアンナ・アンカー（Anna Ancher：一八五九〜一九三五）夫妻とピーター・セヴァーイン・クロイアー（Peter Severin Krøyer：一八五一〜一九〇九）などは、スケインに住んで春夏秋冬に移り変わる自然と人々の姿を描き続けた。アンナ・アンカーはスケインの人々の日常生活をモチーフに制作し、そこには冬の、人々の厳しい表情や暗い室内までもが描写されている。しかし、夏の浜辺では、すべてのものは穏やかな光に包まれて淡い色合いの空間に調和している。そして、静かで、のどかな様子が表現されている。現在、アンカー夫妻およびクロイアーのそれぞれの住居は芸術家の住んだ家として残され、一般公開されている。

砂地の半島の先端までは、トラクターに牽引されたトロッコである「Sandormen（サンドーメン）」が観光客を運んでいく。硬い乾いた地面に立つスケイン美術館のあたりから突端のすぐ手前まで、トロッコは砂地の上の道なき道を歩くような速さで進んでいる。

トロッコが終着する地点の砂は、波の跡を残している。降り立つと、波の響きが三六〇度から押し寄せてくる。そして、そこでは海や大地までもが薄もや色に包まれており、まさにスケイン派の描いた風景に向かい合うことになる。

白雲が低くたなびいている薄青の空の下、波が右から左からやって来てはぶつかり合っている。双方の波が出合うと、波頭がはじけ、空中にしぶきが上がる。足元の砂地は波に洗われて、どこまでが海でどこまでが陸なのか見分けられない。

私はデンマークの最北端で自然の雄大さと神秘的な美しさに圧倒されて言葉も出ずに、左右から寄せる波がぶつかって、しぶきを上げては返っていくのをただ見つめているだけであった。地球は、私の想像を超えた力強い風景をつくり出している。

　スケインから西回りに海岸線を南下すると、美しい浜辺が続く別荘地となっている。スケインをはじめユトランド半島北部の海岸に沿った地域は、一〇〇年以上前から夏の別荘地として好まれている。今日でも国内のデンマークだけでなく、ドイツからも夏の数日をユトランド半島北部の別荘で過ごす人々がたくさん訪れている。美しい風景の浜辺だけでなく、歴史的な建造物もユトランド半島北部に多く、観光はこの地域の重要な産業の一つになっている。

　自転車道は、スケインから西海岸に沿ってユトランド半島の南端まで続いている。ユトラン

デンマークの最北端で二つの海がぶつかり合う

ド半島の西海岸から海を越えた対岸は、水平線に隠れて見えないスコットランドである。七つの海の一つである大西洋の遠くから寄せてくる波は大きくうねり、力強く感じられる。

私たちは最北端のスケインから八〇キロメートルほど離れたヒョアリンまで、好奇心にかられて走ってみることにした。漁船が停泊しているスケイン港を離れると、道は砂山の間を縫うように続いている。やがて、右手に広大な砂地が広がっているのが見えてくる。海風は砂を巻き上げて、私たちの走っている道のある内陸に向かって少しずつ砂を運んでいる。ここは、ロービアの砂丘である。四〇〇〇年から五〇〇〇年の間に砂丘は約四キロメートル内陸に向かって移動しており、高さ四〇メートルの砂山は東に向かって毎年約八メートル移動している。雑草も海草も生えていない乾いた砂の地面を見ていると、自然は優しく豊かなだけでなく、厳しく冷たくもあるのだと感じられる。デンマークの最北端に住む人々は、氷と雪の冷たい冬だけでなく、草木も生えない大地とも向かい合って暮らしているのである。

砂丘の周囲は、風と砂を避けるための植樹林となっている。大西洋につながっている北の海から吹き付ける激しい海風にあおられて、浜に一番近い松の木は低くうなだれている。樹木が風に吹き付けられて内陸の方に大きく傾いている様子は、日本の浜辺の風景と同じである。浜辺の内側に築かれた土手と道路の間には別荘地帯が続いていて、所々に「部屋あります」とドイツ語で書かれた手製の看板が生け垣にかかっている。しかし、人々は浜辺に集まっているのだろうか、私たちの走っているあたりは人通りがなくひっそりとしている。生け垣の間に浜辺に出る細い道があるのだが、高い砂の土手が海への視界を妨げていて表通りから浜が見えない。途中に売店もなく、あたりは砂だらけで、寂しくて心細くなってくる。

果てしなく続いているように思えた砂山から離れ、やがて浜辺が防風林の後ろに見えなくなると、目の前にはスケインを出てから初めての街が現れて、ようやく人里に戻ってきたことを実感してほっとした。ここは、ヒアツハルスという漁港である。ユトランド半島北西部にある比較的大きな漁港であり、ここからノルウェー行きのフェリーも出航している。荷揚げ所や魚市場の並びには食堂やスーパーマーケットもあって、漁船や港で働く人々だけでなく、地元の人々が集まってくる場所であることが分かる。私たちはここでエネルギー補給の休憩をとると、一五キロメートルほど先にあるヒョアリンを目指して漁港を後にした。

大海からの強い風は平坦な土地を吹き抜けて、所々に松ノ木がこの風に耐えるようにして立っている。この辺りの土地の地面は乾いてコケも生えず、農地には適さないために開墾もされずに残り、人の手がまったく加えられていない。裸の大地が広がっているここの荒涼とした風景には、北の土地の自然の厳しさを思い知らされる。スケイン派の画家たちの描き出した、ランプの弱々しい光によって浮かび上がる冬の暗い屋内の人々の表情は、こうした風土での生活を描写したものである。

厳しい自然と向かい合いながら漁業を営んできた地元の人々は、ほかのデンマークの地域の人々より信仰心が深い。しかも、ユトランド半島北西部の人々の信仰は、キリスト教プロテスタントであっても一九世紀中ごろにデンマークで創始された「インドラ・ミッション」(7)と呼ばれている宗派である。聖書の言葉をかたくなに信じて、規律を厳格に重んじる人々であると聞いている。こうしたことも、この土地に来て大きな海と白茶けた大地を見るとよく理解できるのである。何か強い力を信じなければ、あまりにも大きな自然のなかで生きていくことができないように思える。

地の果てを走っているような心細さに押し負けてしまう前に行く手に教会の塔が見えてきて、ヒョアリンまでたどり着くことができるのだと安心した。ユトランド半島北西部で一番大きな街であるヒョアリンは、二〇〇〇年前の墓跡や一二〇〇年代からの教会も現存している。一二四三年に商業が許可された古い街でもあるヒョアリンは、最近になって情報通信産業の企業が集まり、新しい産業の街として生まれ変わりつつある。

心細さにかられて家路が恋しくなり、私たちはヒョアリンの駅からオールボー行きの列車に慌てて飛び乗った。そして、オールボーからコペンハーゲン行きの直通列車に乗り込むと、安心感と疲れで眠気が押し寄せてきた。

壮大で美しく、しかしあまりにも厳しく、生きるものを寄せ付けようとしないように見える自然が、海に突き出したユトランド半島北部の土地に今もなお存在している。

青空の西海岸

「自転車でユトランド半島を走るのなら、まず電車で西海岸へ行って自転車で帰ってくるのがいいよ」と、デンマーク人の誰もが言う。西海岸から海の上を渡ってくる風が強く吹きつけるから、西から東へ追い風を受けて走るのが楽でよいということなのである。そこでは、頭上の雲は風に流されていくので常に青空が広がっている。ちなみに、青空の下、強い風を受けてウィンド・サーフィンで波乗りを楽しむのならユトランド半島の西海岸が絶好の場所であるという。

しかし、地元の人々にとってみると、浜辺の砂を巻き上げる強い風は、人間だけでなく家畜や農作物にも被害を及ぼす厄介者である。デンマークでは、風の被害を少なくするための防風林が全国の海岸に沿って設けられている。マツやスギの類がほとんどであるが、最近は暴風にも強いナラやブナを針葉樹林に混合する植林が進められている。広範囲に砂地の広がるユトランド半島西海岸の植林事業は一八〇〇年ごろから始められており、試行錯誤の結果、厳しい条件でも育つ

（7）（Indre Mission）デンマーク国教会でも保守派の団体。一八六一年にヴィルヘルム・ベック（Vilhelm Beck：一八二九〜一九〇一）牧師によって創始された。聖書を文字通り信じる、基本主義と厳しい道徳律がある。

マツやモミなどの針葉樹が植林されている。それ以降、背の高い、先の尖った針葉樹の森が砂の被害を和らげてきたのである。

針葉樹の植樹林や防風林は、ユトランド半島の西海岸だけでなくデンマーク全土に広がっている。このうちには、もちろん家具材や建設材生産を目的とした私有の植樹林も含まれている。また、若木を農地の一画で育てる農家もある。高さ三〇センチメートルほどから三メートルほどまでさまざまだが、小さくても背の高い大木と同じ姿で元気よく並んで立っている針葉樹の様子は何とも微笑ましく感じられる。寒さにも負けず緑のままで頑張って畑に立っているモミの若木は、毎年、師走になると育った土地を離れて旅に出る。そう、世界中の家庭で飾りを付けられるクリスマスツリーになるのである。

デンマークでは、シーズンの一二月になると街の広場にクリスマスツリーの露店商が出る。森から切り出されたばかりのみずみずしい緑のモミの木の枝が並び、たくさんの人で活気づく。多いときには、一日当たり一五〇万本のクリスマスツリーが売られるのだそうだ。

毎年、師走の月に世界中で明かりをつけて街を飾るクリスマスツリーは、ドイツで始まり、そして全ヨーロッパに広まった。現在はフランス領であるが、当時はドイツ領であったストラスブールで一六〇一年に大きなモミの木を灯りで飾ったのがその起源であるといわれている。同じくドイツのフライブルグでも貧困者のための病院で大きなクリスマスツリーが飾られたという記録もあり、これもまた一六〇〇年代のことである。

ドイツと隣接するデンマークでは、クリスマスツリーは一八〇八年に登場する。しかし、今日のように大きなクリスマスツリーを居間に飾ることが一般的になったのは二〇世紀初頭である。

デンマークではクリスマスを「ユル（Jul）」と呼び、これは冬至を過ぎて夜が短くなり、太陽の光が戻り始めたことを祝う古代北欧の風習に由来する。その後、キリスト教布教に伴って「クリスマス」という祭事がユルに融合したのである。それだけに、デンマークの「ユル」のお祝いは格別である。一二月二四日の夜がもっとも大きなお祝いで、家族揃って豚肉やアヒル、赤キャベツに小さなジャガイモのカラメルあえ、そしてデザートのライスプディングというクリスマス料理を味わう。そして、満腹になると大人も子どもも手に手をとって、天井に届くほど

クリスマスツリーの露店商

の大きなクリスマスツリーを囲み、ユルの歌を唄いながらツリーの周りを踊るのが伝統になっている。やがて踊り疲れると、ツリーの下に山をなしていたプレゼントの一つ一つに付けられたカードの名前が読み上げられ、それぞれに贈られることになる。

デンマークの森から切り出されたクリスマスツリー用のモミの木は、主にヨーロッパ諸国へ出荷されている。クリスマスツリー創始の国であるドイツへの出荷量を最高に、フランス、オーストリア、スイスなどの諸国で、七〇〇万世帯がデンマークで育ったクリスマスツリーを飾って楽しんでいる。近年では東欧への出荷量が伸びており、ポーランドを筆頭にチェコ、スロバキア、ハンガリーもその市場となってきている。ヨーロッパの外へも輸出は伸びてきており、アメリカや日本などへもクリスマスツリーがデンマークから送られている。デンマーク産のクリスマスツリーが、アメリカ本土経由でハワイに空輸された様子を伝えるニュースがテレビで紹介されるほどである。

デンマーク産のクリスマスツリーは、形がよいのでヨーロッパ各国で評判になっている。これは、デンマークの気候が近海域の暖流の影響で中央ヨーロッパほど夜間の冷え込みが厳しくなく、またノルウェーに比較すると温暖なので、ノルウェー原産のモミが形よく成育するのである。現在のところ、東欧まで拡大した市場の需要にこたえるだけの出荷量でないために、デンマークのモミの木は比較的高値で取引されているそうだ。デンマークの全国紙〈ポリチケン〉では、ノルウェー産の苗木を植林しているという生産者の話を紹介していたが、クリスマスツリーの生産量はまったく自然に任せたままらしい。いかにも、デンマーク人らしい商売っ気のなさである。

デンマークの西海岸の森でのんびりと育てられたモミの木は、今年の年末も世界各国へと旅立っていくのである。

防風林の樹木が潤いを少しばかりもたらしてくれるものの、ユトランド半島の西海岸は雑草がやっとへばりついているような茶色の土手が果てしなく続き、車が通ると埃が舞い上がるだけの所である。しかし、エスビアから南側の低地は、牧草地の多い緑に溢れた地帯である。

エスビアから三〇キロメートルほど南に位置する街のリーベを、私は訪れたことがある。このとき私は、リーべからマヌ島を訪ねるためにユトランド半島の西海岸まで自転車で走った。リーべは、北欧のもっとも古い街の一つに挙げられる古都である。一三世紀に築かれた高い塔のある大聖堂や一六世紀に建てられた煉瓦造りの市庁舎、瓦屋根の小さな家が軒を並べる旧市街にいると、まるで時間が中世へ戻ってしまったようだ。このとき一緒だったアメリカ人のカレンは、「見てごらん、この建物は一〇〇〇年も前に建てられたものよ」と、私たちの住むコペンハーゲンよりもさらに古い街の建物に感動している。建国二〇〇数年のアメリカでは触れることのできない長い歴史がこの街にある。

リーべは、九四八年に司教の住居が設けられる以前からたくさんの人々が集まる街であった。

一二〇〇年代初期にリーベの街で商業が許可されると、国王はリーベを重要な場所と見て居城を築いている。中世のデンマークにおいて主要都市であったリーベであるが、一四一七年に国王のエリック七世（一三八二〜一四五九、王位一四一二〜一四三九）がコペンハーゲンに居城を定めてからはリーベを訪れることもなくなって、城は放置されて廃虚となり、リーベは地方都市にとどまることとなった。しかし、数百年前に築かれた教会や市庁舎の大きな建築物と、支柱が傾いて煉瓦が崩れそうになりながらも立っている商屋の家、そして肩を寄せ合うように並んでいる小さな住宅がリーベを訪れる人々を今日でも魅了している。そして、市庁舎の塔の先に大きな巣をつくっているデンマーク最後のコウノトリが今も昔と変わらず同じように飛来する。

この歴史のある美しい街から郊外に出ると、平らな地面がどこまでも広がっている。風に揺れる麦の穂や、牧草地に寝そべっている牛の姿が近くにも遠くにも見える。視界をさえぎる山や高台はなく、地平線の上は青い空が広がって白い雲がポッカリと浮いている。

カレンと彼女の友人でリーベに住むビアテと私の三人は、西海岸沿いに浮かぶマヌ島へと自転車で繰り出した。農家から畑へと移動するトラクターがときどき通るだけのセンターラインもない道が、川のように蛇行しながら畑のなかを続いている。私よりずっと年上のビアテとカレンと一緒に、のんびりとした小さな自転車旅行である。農家が二、三軒集まっただけの集落をいくつか通り抜け、防風林を通り抜け、小川に架かる小さな橋を渡ると遠くに高い土手が見えてきた。

デンマークの国土は、ユトランド半島およびシェラン島やフュン島をはじめとする大小約五〇〇の島々で構成されているため、デンマークの海岸線は約七三一〇キロメートルにも及んでいる。そしてそれがゆえに、古代からデンマーク人の生活は海と深いつながりがある。バイキング時代はもちろん、それより前から海運や漁業はデンマークの重要な生活の一部となっていた。ストアベルト橋やウアスン橋など、世界でも最長クラスの大きな橋が海峡に架けられた今日でも、依然として島と島を結ぶフェリーは重要な交通手段となっている。また、魚釣りやヨット、カヌーなどのマリンレジャーや浜辺の日光浴という楽しみも、デンマークの生活においては欠かせないものである。

水辺には、人だけでなくさまざまな種類の鳥や動物達もやって来る。大小数種のカモメやカモと白鳥などが、湖や河川、海岸で戯れている風景が季節を問わずいつでもある。ユトランド半島西海岸の砂地やボーンホルムの湿地帯などは、特別な水鳥や動物の生息を守るために動植物の保護地区として指定されている所もある。そして、こうした特別な保護地区だけでなく、全土の海岸沿いの自然を守るために法律が制定されている。

一八〇〇年代後半までのデンマークの海岸沿いには、所々に小さな漁夫の家が集まっている漁村が点在するだけであった。しかし、その後急速に、街で富を得た富裕市民たちの豪邸が海を望む景観のよい地域に次々と建てられ、郊外には避暑地が開拓され、また港湾近くには工場が建設されて風景が大きく変化したのである。

中世の建物

西海岸を望む

ところが、デンマークの産業がさらに発展し、国家が豊かになった一九三〇年代になると、こうした海岸の開発が自然破壊につながることを政府は憂慮し始めたのである。そこで、海岸における建築物建設の限界線の設置を検討し、一九三七年以降、海外線より一〇〇メートル以内の区域における建築物の建設が法律によって禁止されたのである。それによって、海辺の自然と昔と変わらぬ風景が保たれるようになった。

しかし、第二次世界大戦後には、技術の進歩と経済の発展によって大規模な開発が可能となり、よりたくさんの人々が別荘を所有できるように、海岸付近の別荘開発がさらに進んだ。とうとう一九六〇年代には、海岸の自然保護を強化するために政府は「建築物設置限界線」の名称を「海岸保護線」に変更した。この法律によって、海岸線より一〇〇メートル以内では建物の建設だけでなく、土壌の入れ替えや植栽も禁止されることになった。これには、海岸に生息する生物種や自然の風景を、デンマークの貴重な財産として保護しようという願いが込められていた。

現在は保護地域がより拡大されて、海岸保護線は海岸より三〇〇メートルに設定されている。海岸における自然破壊と天然資源の保護を確固なものとするために、新たに建設される建築物や植栽および農業用地の範囲を従来より二〇〇メートル後退させることが国会で決議されたのは一九九四年であった。市街地は従来同様この法律の対象外となっているが、農業地域や森林では海岸線から三〇〇メートル以内の新たな開拓とプランテーションは禁止となり、既存の用地での栽培も各地域のアムトの指導を受けることになった。旧来の別荘地では、従来通り海岸線より一〇〇メートル以内が保護地域として継続されているものの、新築物件は海岸線より三〇〇メートル以上外側であることと、三〇〇メートル以内での改築にはアムトの指導に基づくことが義務づけられている。

遠くから見えていた砂でできた高い土手まで来ると、大小の数え切れないほど多くのカモメが空中を旋回していた。私たちは自転車を止めて、浜辺に出る階段を上った。水平線が遠く彼方に現れ、大海の波がゆったりと寄せてきては返っていく。白い浜辺からタイヤの跡が波の向こうに続いていて、遠浅の砂浜であることが分かる。浅瀬では、たくさんの種類の水鳥が地面をくちばしでつつきながら歩いている。

ユトランド半島南部の西海岸沿いには、自然の地形がダム状になっていて、その内側に低地の島がいくつかある。干拓地のような低地の湿地帯にはムツゴロウのような砂地に棲む生物や多くの珍しい鳥が生息しているために、野生動物の特別保護区に指定されている。三万羽を超えるという鳥たちがお互いを呼びあって、その声が動物の楽園に響きわたっている。波の向こうにうっすらと水面に顔を出している平らな地面があり、「あれがこれから私たちの行くマヌ島よ」とビアテが教えてくれた。

マヌ島へは、七キロメートルのマヌ・エッベヴァイエン通りを「マヌ・バス」というトラクタの引くワゴンに揺られながら行く。日光が反射して、キラキラ光る波頭と水鳥の姿が見えるだけである。水浸しのドロドロの道には波が寄せてきて、まるで海の上を走っているように思える。水面を歩くという忍者の気分を味わっていると、カレンが「これはとてもエキサイティング」と言った。

マヌ島は、硬い地面の緑の島である。一〇〇人ほどの住民は農業や漁業を営んでいる。私たちは一九世紀に築かれたという住宅を改造した小さな地域博物館を訪れたり、古い集落まで歩いたりした。前日に小雨が降ったためか、島中どこへ行っても道が泥でぬかるんでいる。日本の大地がアスファルトで覆いつくされてしまう前の、雨が降った次の日の靴底の感触を私はここで味わった。もう少し長く島に滞在したいところだったが、引き潮の間だけ運行するマヌ・バスの最終便はもうすぐ出発するという。半島のリーベへ帰らないといけない私たちは、早々に島から離れなければならなかった。

島に来たときよりも道の上にかぶる水は多くなっていて、タイヤの跡は水の下に隠れてしまっている。マヌ島の住民は、潮の満ち引きと強風や洪水とうまく付き合いながら暮らしている。自らの便利さのために、自然に負担をかけてまで橋を造ることをしなかったのである。

私はユトランド半島西海岸の浜辺に立って、もう一度、水面に平たく浮いたマヌ島の姿を確かめた。打ち寄せる波ごとに、海岸線の形は変化していく。そして、人の計り知れない長い時間の単位が自然には存在しており、人が自然に近づきすぎたことによって傷ついた事実も歴史上にいくつもあった。自然をそのままにしておく賢明さが、この雄大な風景を守っている。

おわりに

二〇〇〇年のツール・ド・フランスに初のデンマーク・チームとして参加した「チーム・ジャック・アンド・ジョーンズ」のツアーは、初出場の経験不足から困難の連続で、アルプスとピレネーを越えてパリに戻ってきた選手は三人だけという残念な記録に終わった。しかし、翌二〇〇一年にはチームにフランス人選手を迎え、さらにスポンサーが代わって名称も「CSC・ティスカリ」となり、新規一転してツアーにのぞんだ。

ツアー四日目と八日目にCSC・ティスカリのフランス人選手であるローラン・ジャラベールが一位でゴールするとチーム全体が活気づき、急坂の続く辛いアルプスでは選手が互いに助け

地元サイクリングクラブの冬期練習

合って、揃ってヨーロッパの屋根を越えた。これで弾みがついたツアー後半では、デンマーク人選手のニキ・サーンセンやヤコブ・ピールらがフランス、ドイツやアメリカなどの強豪選手とその日のトップを競い合った。そして、ツアーが始まったときには無名であったCSC・ティスカリのデンマーク人選手たちは、パリに戻ってくるまでにすっかり地元フランスの人気者となっていた。

毎年、「ツール・ド・フランス」直後に「デンマーク・ルンド」という自転車ツアー大会が行われている。二〇〇一年の大会ではCSC・ティスカリがフランスで活躍したばかりであったので、たくさんの人々が応援に駆けつけて例年にない盛り上がりとなった。フーバートと私も、住まいの近くで選手たちを見ようと表通りまで出ていった。その日は朝から青空の広がるすがすがしい天気で、自転車道をサイクリング中の人々が次々と通っていく。やがて、選手たちが通る予定時刻近くになると、たくさんの人々が近隣から集まってきて歩道から溢れるほどになった。自転車で駆けつけたサイクル・ウェアの男性や子どもたちだけでなく、小さな子どものいる家族連れも集まって、まるで祭りの御輿《おみこし》が通るときのような賑わいである。

デンマーク・ルンドの第一スポンサーはデンマーク郵便局である。毎日、ツアーのスタートは制服姿の地元郵便局員が郵便配達用の自転車で誘導する。走行距離が短いし、のどかで和やかな雰囲気があるデンマーク・ルンドを気に入って、毎年参加する一流選手もいる。

選手たちが通る時刻が近づくと、屋根に赤い制服の郵便配達夫の人形を乗せた黄色の郵便局の自動車がやって来た。これに各スポンサーの車が続き、これらの姿が遠くに見えなくなると、警察の白バイを先頭にした選手たちがはるか遠くに見えてくる。フランスのツアーを走る姿をテレビで見ていた選手たちが目の前を通りすぎると、テレビで観ていた観衆と同じように「アレー、アレー」(フランス語で「行け、行け」)と、歩道や自転車道に集まった人々が声援を送っている。私も一緒に、「アレー、アレー」と懸命にペダルを漕いでいる選手全員に声をかけた。

一群となって走っている選手の肩や自転車やヘルメットに夏の光が反射して、その周り全体が輝いているように美しく、私は携えていたカメラで写真を撮るのも忘れて選手たちを見つめるだけになってしまった。時速七〇～八〇キロメートルで走ってくる選手たちは、瞬く間に走り去る。すると、お祭りは終わりで、そのすぐ後ろから一般車が何事もなかったかのように通りかかる。私たちは家路に就いても、感動した心はそのままであった。

二〇〇一年のデンマーク人選手の活躍が認められて、CSC・ティスカリは二〇〇二年のツール・ド・フランスにも参加し、申し分のない成績を収めた。そしてさらに、ヨーロッパをはじめ国際大会で実力を上げてきているデンマーク第二の自転車チームである「チーム・ファクタ(Team Fakta)」もツール・ド・フランス出場を狙っている。

ツール・ド・フランスやデンマーク・ルンドの開催期間には、多くの男性が選手たちに感化されて、磨け上げたスポーツ用自転車でトレーニングに出る。フランスやイタリアのチームと同じサイクル・ウェアに身を包んで、勢い込んで走っている彼らは微笑ましいほどである。「最近は壮年のサイクリストが多いなあ」とフーバートが言う通り、レーシング用の自転車で走っている五〇歳代、六〇歳代のシルバーグレーの紳士と擦れ違うことが多くなった。

サイクリスト同士や、散歩やジョギング中の人々とあいさつを交し合うことがある。とくに澄みきった青空の日には、森のなかで出会った人々の一人ひとりと笑顔であいさつしあう。私たちの旅行中、どこの街でも、自転車で遠くから走ってきたに違いない見知らぬ私たちに笑顔で「やあ」、「こんにちは」と地元の人々が声をかけてきた。美しい自然を大切に思う人々は、急坂を上ったり下ったりしながら長距離を自力で走るサイクリストに笑顔と優しいまなざしを送っている。

デンマークでは、自転車は騒音や排気ガスを出さない環境に優しい交通手段として、また体力づくりやスポーツとして積極的な目的で利用する人々が多い。そして、自転車道や駐輪場などの設備の充実によって自転車利用を受け入れる都市機能があり、そこに自転車利用者を笑顔で迎え入れる人々がいる。

首都のコペンハーゲンでは初めての「カー・フリー・デー」が、二〇〇一年九月二二日（土）午前七時から二三日（日）午後七時まで実施された。これは、コペンハーゲン・コムーネが自動車に代わる交通手段を市民と一緒に考えようという目的のもとの試みであった。当日は、コペンハーゲン旧市街全域が一般車の通行禁止区域となり、区域内を行き来する交通手段は徒歩や自転車のほかに、公共輸送機関のバスと電車、フェリーのみとなった。また、カー・フリー・デーにかぎって自転車タクシーが旧市街の足となった。

自動車が走っていない通りでは、石蹴りなどの昔の遊びやローラースケートに興じたり、街頭芸やダンスを楽しんだり、あるいはハーフ・マラソンで汗を流したりと、さまざまな催しに多くの市民が参加した。コペンハーゲンっ子たちは、騒音がなく静かで、排気ガスがなくきれいな空気の、そして安全な街を体験して「とても素晴しく、毎日カー・フリー・デーであって欲しいくらい」と喜んだのである。コペンハーゲン・コムーネの環境局長であるボー・アスムス・ケルゴー（Bo Asmus Kjeldgaard）氏にうかがったところ、「カー・フリー・デーには多くの市民が素晴しい経験をしたと言っており、この行事は成功であった。二酸化炭素削減の目標値を達するためには、公共輸送機関や自転車を利用する市民がさらに増えなければならない。

2002年夏に観光客向けに登場した自転車タクシー

近年コペンハーゲンでは、自転車利用者が減少の傾向にあったのだが、昨年行った若者の意識調査では、自転車で通勤するのが『格好良い』と考えている男性が増えたのである。こうした市民が多くなれば、二酸化炭素削減の目標値達成も夢ではない」のだと言う。マウンテン・バイクで颯爽と街を走り抜けながら通勤・通学するというライフスタイルが二一世紀のデンマークでは都会風なのである。

コペンハーゲンの若者の間で一九九〇年代には増え続けたマイカー志向がマウンテンバイクへ移行したのは、経済的な理由とともに健康およびフィットネス志向とも関連している。自動車購入にかかる諸税（重量税や消費税など）が自動車の価格の二〇〇パーセントにも達するデンマークでは、自動車購入はたとえ中古車であっても高価なものである。しかも、ガソリン代には環境税が課されており、維持費も相当なものである。そして、自動車利用による運動不足を解消するためにスポーツクラブへ加入すると、またここで出費が嵩む。しかし、自転車を利用すれば運動にもなるのでスポーツクラブへ加入する必要がなく、そしてさらに自転車の維持費はわずかである。

コペンハーゲン・コムーネが一二歳の子どもたちを集めて行ったグループ・インタビューでは、両親が自動車をもたずに自転車を利用すれば残業したりスポーツクラブへ行く必要がないので、子どもたちと一緒の時間が長くなるという意見に一致したという。ボー・アスムス・ケルゴー氏は、「これまでの自動車志向のライフスタイルを反省する時期が来たのだと思う。経済や健康や子どもについて考えただけでも自転車利用の利点がたくさんあって、これを踏まえればマイカー利用に固執する必要がないことが明らかである。コペンハーゲンでは、これに気が付いている市民が増えてきている」と、市民の新しいライフスタイルを喜んでいる。

郊外では事情が少しばかり異なり、長距離移動のためにマイカーも必要であるのだが、レジャーやスポーツとしての自転車利用が盛んになっている。コペンハーゲンから約三〇キロメートル北に位置するヒュアスホルム・コムーネは、デンマーク・サイクリスト連合のヒュアスホルム支部が長年にわたって自転車道の整備をコムーネに働きかけてきた。七五歳の今でも毎日自転車に乗っているというケル・カランさんに誘われて、サイクリスト連合のヒュアスホルム支部とコムーネの自転車道整備に関する話し合いに私は同席した。

その日は、男女七〜八人のサイクリスト連合の地元会員とコムーネの道路整備課から担当者が会議に参加して、現在のコムーネ内にある自転車道の問題と新規に敷設される自転車道について話し合いとなった。ケルさんが会員一人ひとりに私を紹介すると、誰もが笑顔で握手の手を差し出し、「あなたも自転車で走っているの?」と尋ねる。もちろん、会員は自転車を交通手段だけでなくレジャーやスポーツとして利用している人々である。集まった会員は五〇歳から六〇歳代と見られるのだが、日に焼けた肌がつやつやして、明るく溌剌とした表情である。会員が同世代の一般的なデンマーク人よりも健康的で若々しいのは、自転車利用が健康維持につながるということを実証しているようで、私はこれに驚き関心したのである。

その後、私は友達に「自転車に乗ると健康にいいですよ」と、若々しいサイクリスト連合ヒュアスホルム支部の会員の話をしている。そして、フーバートと私もサイクリングを健康維持の一つの方法として真剣に考え始め、週末には必ず自転車で走り回っている。

コペンハーゲンから始まった私たちのツアーは、シェラン島、フュン島、ランゲラン島、ロラン島、ファルスター島、ボーンホルム島、そしてユトランド半島へも達して、デンマークの各地域にタイヤの跡を残してきた。ところが、自転車道から大きく外れた所にある森や水辺、フェリーで渡る小さな島々など、自転車旅行地図を眺めているうちに気になる場所が次から次へと現れる。そして、終わりに近づくに従って、自転車で走ってみたい場所がますます増えて、今までのツアーは導入部にすぎないように思えてきた。

毎日自転車で走っているケル・カランさん

フーバートはデンマーク全土の地図上に「今度のツアーの候補地は……」とつぶやきながら、いくつも印を付けていく。ムン島やサムス島などをはじめ、美しい自然に触れながら自転車で走ることができそうな場所がまだまだデンマークにはたくさんあり、私たちはこれらを経験してみたいと思う。こうした場所には、天気のよい週末に「ひと走り」しにいこうと私たちは考えている。

ケル・カランさんは「若いころに一度、大晦日の晩のパーティから帰宅した正月の明け方に、どうせ寝られないからといって弟とオーデンセまで自転車で走ったことがある。当時は、ずいぶん元気があったものだね」と、昔を振り返って語ってくれたことがある。デンマークでは「自転車でひと走り」に伝統があるようだ。

ケルさんは、現在、スペインまで自転車での巡礼の旅を考えている。これは、デンマークからドイツやフランスを通って南スペインにある教会まで、約二五〇〇キロメートルの行程を自転車で走るというものである。フーバートと私もこの旅に誘われている。

フーバートと私は隣国のスウェーデンやバルト三国、ポーランドなど、豊かな自然が残された国を自転車で探検したいとも考えている。フーバートはフェリーでポーランドへ渡り、シベリアを縦断して日本まで走るという、実現しそうもない大きな夢を抱いているようだ。山や谷や川を自分の力で自転車で越えてみたいというデンマーク人の冒険旅行の夢を聞いていると、自分の力で櫓を漕いで世界の海へ繰り出したバイキングの血が彼らの身体に流れているのだと思われてくる。

自転車でデンマークを走ってみると、小さいと高をくくっていた国土は広大で、平地であると思っていた地形には大きな起伏があるのに気付く。丘を越え、野を越え、たとえ向かい風や雨のなかでも元気よく走り続けられたのは、一人ではなく、力強い牽引車のようなフーバートと一緒だったからである。そして、私たちが走ってくるのを待っていてくれた人々がいたからである。

デンマークを自転車で周りながら私がここに綴ってきたことは、私たちが訪れたそれぞれの土地で出会った人々が語ってくれた事柄である。フーバートと二人で青空の下へ出たときに、風景や動物たちが私に教えてくれたことである。また、どこから書き始めたらよいのか迷っていた私を助けてくれたのも、周囲にある自然や人々との温かい会話であった。さらに、遅々として進まない原稿を待っていてくれた新評論の武市一幸氏の寛容な姿勢と、私の拙い文章への丁寧な助言が、デンマークを語るという大きな課題を遂行するための大きな支えになった。みなさん、どうもありがとう。

二〇〇二年九月二五日　　デンマークにて

福田成美

感謝を込めて（Special Thanks）

本書のために多くの方々の協力をいただきました。どうもありがとうございました。
（Jeg takker jer, fordi I har støttet mig til at skrive bogen.）

Schrøder Cykler
Niels Rydung
Ayako Onodera & Henning Vig
Takako M. Colov & Finn Colov
Birgit Bæch Erichsen & Frits Munk Andreasen
Søren Højer Nielsen
Kjeld & Myrto Kallan
高梨智子

Hubert Erichsen
武市一幸　株式会社新評論

主な参考文献

"Cykelferiekortet" Dansk Cyklist Forbund, 2000
Heino Døygaard "Cykelture i Danmark" Politikens Forlag A/S, 2000
"Ture i Danmark" Politikens Forlag A/S, 1999
Erik Johannesen "Danmark Nu 3" Høst & Søns Forlag, 1998
Annemarie Lund "Guide to Danish Landscape Architecture 1000-1996" Arkitektens Forlag, 1997
Aage Hansen "Læs og Lyt IV Nordisk musik" Gjellerup, 1972
"FOCUS Gjellerups étbinds-lekisikon" GECGAD, 1991
"Natur og Miljø 1999-udvalgte indikatorer" Miljø-og Energiministeriet, 2000
"Tema Design nr. 10 September 2000" Dansk Design Center, 2000

著者紹介

福田成美（ふくだ・なるみ）

1963年、東京生まれ。

1986年、東京造形大学卒業。

デザイナー／デザイン・ジャーナリスト。

スタッフデザイナーを経て1991年に独立。1993年よりデンマークを拠点に環境に優しいデザインの調査研究および実務に携わる。

現在、デンマーク在住。

著書『デンマークの環境に優しい街づくり』（新評論、1999年）

デンマークの緑と文化と人々を訪ねて
——自転車の旅——

（検印廃止）

2002年11月30日　初版第1刷発行

著　者　福田成美

発行者　二瓶一郎

発行所　株式会社　新評論

〒169-0051
東京都新宿区西早稲田3-16-28
http://www.shinhyoron.co.jp

電話　03(3202)7391
FAX　03(3202)5832
振替・00160-1-113487

印刷　フォレスト
製本　桂川製本
装丁　山田英春
写真　福田成美

Printed in Japan
ISBN4-7948-0580-2　C0036

よりよく北欧を知るための本

福田成美 **デンマークの環境に優しい街づくり** ISBN 4-7948-0463-6	四六 250頁 2400円 〔99〕	自治体，建築家，施工業者，地域住民が一体となって街づくりを行っているデンマーク。世界が注目する環境先進国の「新しい住民参加型の地域開発」から日本は何の学ぶのか。
飯田哲也 **北欧のエネルギーデモクラシー** ISBN 4-7948-0477-6	四六 280頁 2400円 〔00〕	【未来は予測するものではない，選び取るものである】価格に対して合理的に振舞う単なる消費者から，自ら学習し，多元的な価値を読み取る発展的「市民」を目指して！
K—H.ローベル／高見幸子訳 **ナチュラル・チャレンジ** ISBN 4-7948-0425-3	四六 320頁 2800円 〔98〕	【明日の市場の勝者となるために】スウェーデンの環境保護団体の「ナチュラル・ステップ」が，環境対策と市場経済の積極的な両立を図り，産業界に持続可能な模範例を提示。
河本佳子 **スウェーデンの作業療法士**	四六 264頁 2000円 〔00〕	【大変なんです，でも最高に面白いんです】スウェーデンに移り住んで30年になる著者が，福祉先進国の「作業療法士」の世界を，自ら従事している現場の立場からレポートする。
伊藤和良 **スウェーデンの分権社会** ISBN 4-7948-0500-4	四六 263頁 2400円 〔00〕	【地方政府ヨーテボリを事例として】地方分権改革の第2ステージに向け，いま何をしなければならないのか。自治体職員の目でリポートするスウェーデン・ヨーテボリ市の現況。
河本佳子 **スウェーデンののびのび教育**	四六 256頁 2000円 〔02〕	【あせらないでゆっくり学ぼうよ】意欲さえあれば再スタートがいつでも出来る国の教育事情（幼稚園～大学）を「スウェーデンの作業療法士」が自らの体験をもとに描く！
清水　満 **新版 生のための学校**	四六 288頁 2500円 〔96〕	【デンマークに生まれたフリースクール「フォルケホイスコーレ」の世界】テストも通知表もないデンマークの民衆学校の全貌を紹介。新版にあたり，日本での新たな展開を増補。
小笠　毅 **学びへの挑戦**	四六 240頁 1600円 〔00〕	【学習困難児の教育を原点にして】「子どもの権利条約」を縦軸に，インクルージョン教育を横軸に，障害児教育を原点に据えて分析し，解決をめざす「遠山真学塾」の挑戦。
A.リンドクウィスト，J.ウェステル／川上邦夫訳 **あなた自身の社会**	A 5 228頁 2200円 〔97〕	【スウェーデンの中学教科書】社会の負の面を隠すことなく豊富で生き生きとしたエピソードを通して平明に紹介し，自立し始めた子どもたちに「社会」を分かりやすく伝える。
B.ルンドベリィ＋K.アブラム=ニルソン／川上邦夫訳 **視点をかえて** ISBN 4-7948-0419-9	A 5変 224頁 2200円 〔98〕	【自然·人間·全体】太陽エネルギー，光合成，水の循環など，自然システムの核心をなす現象や原理がもつ，人間を含む全ての生命にとっての意味が新しい光の下に明らかになる。

※表示価格は本体価格です。